Psychotherapie: Praxis

Die Reihe Psychotherapie: Praxis unterstützt Sie in Ihrer täglichen Arbeit – praxisorientiert, gut lesbar, mit klarem Konzept und auf dem neuesten wissenschaftlichen Stand.

Weitere Bände in der Reihe: http://www.springer.com/series/13540

Beatrix Vill

Vom Preis der Sesshaftigkeit

Eine psychodynamische Betrachtung der Immobilie

Dr. med. Beatrix Vill
Bonn, Deutschland

ISSN 2570-3285   ISSN 2570-3293   (electronic)
Psychotherapie: Praxis
ISBN 978-3-662-58942-7   ISBN 978-3-662-58943-4   (eBook)
https://doi.org/10.1007/978-3-662-58943-4

Die Deutsche Nationalbibliothek verzeichnet diese Publikation in der Deutschen Nationalbibliografie; detaillierte bibliografische Daten sind im Internet über http://dnb.d-nb.de abrufbar.

Springer
© Springer-Verlag GmbH Deutschland, ein Teil von Springer Nature 2019
Das Werk einschließlich aller seiner Teile ist urheberrechtlich geschützt. Jede Verwertung, die nicht ausdrücklich vom Urheberrechtsgesetz zugelassen ist, bedarf der vorherigen Zustimmung des Verlags. Das gilt insbesondere für Vervielfältigungen, Bearbeitungen, Übersetzungen, Mikroverfilmungen und die Einspeicherung und Verarbeitung in elektronischen Systemen.
Die Wiedergabe von allgemein beschreibenden Bezeichnungen, Marken, Unternehmensnamen etc. in diesem Werk bedeutet nicht, dass diese frei durch jedermann benutzt werden dürfen. Die Berechtigung zur Benutzung unterliegt, auch ohne gesonderten Hinweis hierzu, den Regeln des Markenrechts. Die Rechte des jeweiligen Zeicheninhabers sind zu beachten.
Der Verlag, die Autoren und die Herausgeber gehen davon aus, dass die Angaben und Informationen in diesem Werk zum Zeitpunkt der Veröffentlichung vollständig und korrekt sind. Weder der Verlag, noch die Autoren oder die Herausgeber übernehmen, ausdrücklich oder implizit, Gewähr für den Inhalt des Werkes, etwaige Fehler oder Äußerungen. Der Verlag bleibt im Hinblick auf geografische Zuordnungen und Gebietsbezeichnungen in veröffentlichten Karten und Institutionsadressen neutral.

Fotonachweis Umschlag: © Beatrix Vill, Bonn (Fotograf: Dr. Wolfgang Wiedemann, Fürth)
Verantwortlich im Verlag: Monika Radecki

Springer ist ein Imprint der eingetragenen Gesellschaft Springer-Verlag GmbH, DE und ist ein Teil von Springer Nature.
Die Anschrift der Gesellschaft ist: Heidelberger Platz 3, 14197 Berlin, Germany

Vorwort

Dieses Buch soll die Sensibilität bei Psychologischen Psychotherapeuten, Fachärzten für Psychosomatische Medizin und Psychotherapie, Psychiatern, in Klinik, Praxis und Ausbildung für das Thema Sesshaftigkeit, Immobilität und Mobilität wecken oder schulen. Ab wann kommt der Mensch mit seinen kreativen Abwehrmechanismen bei einem unfreiwilligen „zu viel" oder „zu wenig" nicht mehr alleine zurecht und sucht dann therapeutische Hilfe? Sesshaftigkeit beschäftigt die Menschheit seitdem sie existiert. In den letzten Jahrzehnten fand jedoch ein gravierender Wertewandel diesbezüglich statt. Es erschienen viele Bücher zu diesen Themen in der Fachliteratur, aber auch auf den Bestsellerlisten von Sachbüchern, Romanen und zahlreiche Artikel in den diversesten Zeitungen und Zeitschriften. Dies ist ein Indiz für die Aktualität.

Sind wir als Therapeuten für diesen Wandel der Thematiken der Menschen genug sensibilisiert?

Welchen Einfluss hat die Generation, zu der der Therapeut oder der Patient gehört, auf den therapeutischen Prozess? Der Umgang mit dem Thema Sesshaftigkeit und Mobilität ist unter vielem anderen von geographischen, kulturellen, sozialen, religiösen, politischen, zeitlichen, finanziellen und persönlichen Aspekten abhängig. In meiner 30-jährigen Erfahrung als Ärztin mit psychotherapeutischem Schwerpunkt zieht sich das Thema der Wohnsituation, „Wurzeln" oder „Zugehörigkeit" durch die Gespräche mit Patienten und ist häufig ein gravierender Stressfaktor für körperliche und psychische Gesundheit. Es hat sich bewährt, nicht nur Bindungen und Beziehungen zu lebenden Wesen zu hinterfragen, sondern auch Bindungen aus Stein und Erde. Wie gestaltet jeder Einzelne sein persönliches Leben, und welche Bedeutung hat das Thema Sesshaftigkeit, auch durch Prägungen über Generationen hinweg, die mit Transgenerationalität zu erklären sind?

Auch mehr als siebzig Jahre nach Kriegsende hat die Sesshaftigkeit immer noch eine Bedeutung, die von der politischen Vergangenheit nicht völlig unabhängig ist. Die Sozialgeschichte des Menschen wirkt über mehrere Generationen. Fast alle Leser und Leserinnen dieses Textes werden Väter oder Großväter haben, die im Krieg waren und Familiengeschichten, die auch von Vertreibung, Bombenangriffen, Verlust der Heimat oder des Zuhauses berichten. Die konnotative Bedeutung eines eigenen Heims, eines sicheren Ortes, des eigenen Grund und Bodens, prägt uns bewusst und unbewusst. Welchen Preis sind wir und unsere Patienten bereit für die Sesshaftigkeit zu zahlen, im wörtlichen und im übertragenen Sinn? Passt das zu unserem Lebensentwurf, den Wünschen und Zielen? Was hemmt uns an Veränderung?

Es ist ein gravierender Unterschied, ob Ohnmacht oder Selbstwirksamkeit das dominierende Gefühl an der Situation ist. Ein Kind von Eltern, die ständig umziehen und dadurch kein durchgängiges soziales Umfeld besteht, hat andere Prägungen als eines, das in einer Umgebung aufwächst, in der mehrere Generationen seit über hundert Jahren in einem Haus zusammenwohnen und evtl. ein Familienbetrieb selbstverständlich weitergeführt werden soll.

Wie gehen wir, trotz der Prägung auf Sesshaftigkeit in unserem Kulturkreis, mit der in den letzten Jahren zunehmend geforderten Mobilität und Umstrukturierung um? Welche unbewussten Konflikte und transgenerationalen Erlebnisse reaktiviert die aktuelle Migrations- und Flüchtlingsthematik? Welche Bedeutung hat Globalisierung und Digitalisierung für das Thema?

Auch in Supervisions- und Selbsterfahrungssitzungen mit Kolleginnen und Kollegen in der Weiterbildung kommt das Thema der Sesshaftigkeit, der Immobilie, der Geld- und Machtverteilung dadurch in Paar- und Familienstrukturen, der Mobilität, immer wieder auf und hat eine immense Dynamik.

Die berufliche Sesshaftigkeit, oder vielmehr der zunehmend unerfüllbare Wunsch danach, rückt auch bei Menschen ohne klinisch relevante Krankheitssymptome zunehmend in den Fokus. Ressourcen und Resilienz nehmen in Therapien eine wichtige Rolle ein.

Wichtig ist mir das Verständnis dafür, was jeder Einzelne schon Jahre vor Beginn einer psychosomatischen Erkrankung (Angst, Depression, Somatisierung etc.) als Abwehrmechanismus oder Gegenregulation verwendet hat, bevor eine Psychotherapie begonnen wurde. Dieser oft unbewusste Stabilisierungsfaktor durch Ressourcen hat enorme Bedeutung für den Erfolg einer Therapie und den Verlauf danach.

Gerade bei Patienten mit somatoformen Störungen, insb. bei chronischen Schmerzpatienten, kommen diverseste Themen rund um die Sesshaftigkeit mit zunehmendem Vertrauen in der Behandlung zur Sprache und damit oft auch tiefes Leid, Kränkung, Belastung.

Es wurden Interviews geführt mit Menschen, die dieses Thema unterschiedlich angegangen sind, mal freiwillig, mal unfreiwillig, mal mit gelungenen und auch mal mit nicht gelungenen Lösungsversuchen. Ebenso wurden Experten und Expertinnen befragt, die beruflich mit dem Thema der Sesshaftigkeit zu tun haben, z. B. Immobilienmakler, Architekten oder Pfarrer und ein Kolumbariumsbetreiber. Fallbeispiele von Patientinnen und Patienten aus der Klinik und der Psychotherapeutischen Praxis werden erwähnt. Typische Konflikte stehen dabei im Fokus, in denen der Leser sich oder seine Patienten wiederfinden soll. Die persönlichen Umstände der Personen in den Fallbeispielen sind verändert und damit nicht einer bestimmten Person zuzuordnen.

Wie erkennt man, ob eine Ressource und ein stabilisierender Faktor, oder aber eine Belastung und damit ein chronifizierender Faktor für die psychische und körperliche Gesundheit vorliegt? Welche Risiken und Nebenwirkung hat die Sesshaftigkeit oder aber auch das Gegenteil, die Mobilität? Bei dem Wort Mobilität denken fast alle an berufliche Mobilität und Berufsverkehr. Aber auch Wohnortwechsel aus privaten, politischen oder wirtschaftlichen Gründen werden immer häufiger Thema in unserem Alltag und den Medien.

Ich würde mich sehr freuen, wenn dieses Buch Denk- und Fühlanstöße geben könnte zu Themen wie Lebensqualität, Glück, Zufriedenheit rund um die Sesshaftigkeit und Mobilität. Vielleicht kann es auch Neugier wecken auf bisher nicht thematisierte Zusammenhänge und Verständnis für Biographien. Das Verstehen einer Situation ist ja oft schon der Beginn einer Lösung.

Dieses Buch erhebt keinerlei Anspruch auf Vollständigkeit. Das Thema ist unerschöpflich.

Als überzeugte Vertreterin der Wertschätzung und Gleichstellung der Geschlechter werde ich mich im Text dieses Buches um eine geschlechtergerechte Sprachform bemühen. Frau nehme es mir aber bitte nicht übel, dass ich, um den Text nicht zu umständlich zu gestalten, oft die männliche Sprachform wähle. In keiner Weise ist dies diskriminierend zu verstehen.

Beatrix Vill
Bonn, Deutschland

Danksagung

Den betreuenden Mitarbeiterinnen vom Springer-Verlag, Hiltrud Wilbertz (Projektmanagerin) und ganz besonders Monika Radecki (Senior-Editorin) sowie Dr. Wolfgang Wiedemann (Freund und analytischer Kollege) sei ein besonderer Dank ausgesprochen. Ohne die Geduld dieser Personen und deren Glaube an die Aktualität des Themas hätte ich dieses Buch nicht in einer Zeit eigener beruflicher und privater Neuorientierungen – und damit Anforderungen an Sesshaftigkeit und Mobilität – zu Ende geschrieben. Ebenfalls danke ich Peter Bujny für die wunderbare technische Unterstützung.

Ich danke meinen Patienten, Interviewpartnern, Experten und Freunden, die mir Informationen und ihre Erfahrungen zum Thema zur Verfügung gestellt haben. Ich danke ebenfalls meinen interdisziplinären Kollegen, die mir durch ihr Interesse die Bedeutung der Psychosomatik als Querschnittsfach immer wieder gespiegelt haben.

Last but not least geht ein besonderer Dank an meine drei mobilen Kinder, die eine gute Balance zwischen Sesshaftigkeit und Wurzeln in der Kindheit sowie Mobilität und Flügel in Studium und Berufsleben gefunden und viel Verständnis für ihre (mobile und doch sesshafte) Mutter sowie Interesse an diesem Thema aufgebracht haben.

Inhaltsverzeichnis

1	**Einleitung**	1
	Literatur	4
2	**Die Sesshaftigkeit als psychischer Konflikt – was bedeutet sie für den Einzelnen?**	5
2.1	„Zu Hause", „bei der Mutter sein" psychodynamisch betrachtet	6
2.2	Die Familie und die Familiengeschichte, eine Bindung aus Stein	7
2.3	Die Persönlichkeit, die Identität, die eigene psychische Entwicklung	9
2.4	Die gebaute Abwehr	13
2.5	Die Religion, die Spiritualität	14
2.6	Das letzte Zuhause	15
2.7	Freuds Persönlichkeitshaus	16
	Literatur	18
3	**Gesellschaftliche Aspekte von Mobilität und Sesshaftigkeit**	19
3.1	Sozialgeschichte	20
3.2	Schicht	22
3.3	Wandergesellen, Wissenschaftler und Auslandserfahrung	23
3.4	Zeit	24
3.5	Männer und Frauen	25
3.6	Moderne Nomaden	28
3.7	Von Beruf Nomade	30
	Literatur	32
4	**Wertewandel in der Gesellschaft – das Generationenthema**	33
4.1	Übersicht der Generationen	34
4.2	Traditionalisten (1922–1955)	34
4.3	Baby-Boomer (1956–1965)	36
4.4	Generation X (Douglas Coupland) (1966–1980); Generation Golf (Florian Illies)	38
4.5	Generation Y (Millennials) (1981–1995)	38
4.6	Generation Z (ab 1996)	40
4.7	Generationenthemen und der therapeutische Prozess	41
	Literatur	42
5	**Migrationshintergrund oder Flüchtling**	43
5.1	Vertreibung	44
5.2	Migrationshintergrund	45
5.3	Flüchtlingskind	48
5.4	Spätaussiedler	48
5.5	Gründe für das erhöhte Krankheitsrisiko bei Vertreibung, Flucht, Migration und Aussiedlung	49
5.6	Gründe für ein erhöhtes Krankheitsrisiko bei Mikromigration	51
	Literatur	52

6	**Konfliktlösungsversuche**	53
6.1	Heimweh	54
6.2	Fernweh	54
6.3	Resilienz, Ressourcen	55
6.4	Immobilität in der Sesshaftigkeit oder Sesshaftigkeit in der Immobilität	57
6.4.1	Cocooning	57
6.4.2	Ferienhäuser-Zweitwohnungen	58
6.4.3	Mobilien: Autos und Wohnmobile, Camping und Reisen	58
6.4.4	Pilgern	59
6.4.5	Gesundheitsbewusstsein und Bewegung	59
6.4.6	Essen	60
6.4.7	Sprache	60
6.4.8	Musik	61
6.4.9	„Der dritte Ort"	61
6.4.10	Religion	62
6.4.11	Kleidung	62
6.4.12	Lesen und Liedtexte	62
6.4.13	Wohnsituation	63
6.5	„Rettung" durch Transfer ins Bewusste	64
	Literatur	64
7	**Die letzte Sesshaftigkeit**	65
7.1	Das Traumhaus	66
7.2	Das Denkmal	68
7.3	Das Sterben	69
7.4	Das Grab	69
7.5	Das Erbe	72
	Literatur	72
8	**Schlussfolgerungen für den therapeutischen Prozess**	73
8.1	Anforderungen an den Therapeuten	74
8.2	Gemeinsame Anforderung an Therapeut und Patient	76
8.2.1	Therapieziel	76
8.2.2	Aufgabenverteilung	77
8.2.3	AIDA Modell plus Compliance	79
8.3	Kombination verschiedener Verfahren	82
8.4	Generationenthema für Patient und Therapeut, transgenerationale Prägungen	83
8.5	Bio-psycho-soziales Modell	84
8.6	Fragen zu Mobilität und Sesshaftigkeit (Immobilie) in der Anamnese	88
8.7	Therapie in einer Fremdsprache	93

8.8	**In der Palliativsituation, Erbe**	95
8.9	**Chronischer Schmerz**	95
	Literatur	97
9	**Schlussworte**	99
	Serviceteil	
	Stichwortverzeichnis	103

Über die Autorin

Beatrix Vill

Die Autorin (geb. 1960) verbrachte die ersten 20 Jahre ihres Lebens in Bonn und 25 Jahre der Familienphase in Erlangen (3 Kinder geb. 1989, 1992 und 1995). Während des Medizinstudiums absolvierte sie Praktika und Auslandssemester auf verschiedenen Kontinenten, was bis heute ihre Arbeit prägt, ebenso wie das Leben und die Arbeit in den Städten Erlangen und Bonn mit internationaler Bevölkerung und internationaler Patientenklientel durch Bundes (haupt) stadt und den Sitz internationaler Konzerne. Das Generationenthema begleitet sie privat durch die Familie und beruflich durch die Tätigkeit in der Lehre (Dozentin, Lehrtherapeutin, Supervisorin für Tiefenpsychologie und Verhaltenstherapie) in Bayern und NRW. Ein Schwerpunkt ihrer Arbeit sind Somatisierungsstörungen und chronische Schmerzstörungen, sowie die Bedeutung von Sesshaftigkeit (Immobilie) und Mobilität und dadurch die interdisziplinäre Zusammenarbeit der medizinischen Fachrichtungen. In jedem Bereich der Medizin (z. B. Innere Medizin, Gynäkologie, Orthopädie, Dermatologie) spielen Somatisierung, Schmerz, und die psychischen Hintergründe der Erkrankungen, so auch Mobilität und Sesshaftigkeit, das Generationenthema, der Wertewandel in der Gesellschaft, eine Rolle.

Nach über 25-jähriger Tätigkeit an den Universitätskliniken Mainz (Neurologie) und Erlangen (Psychosomatik, Interdisziplinäres Schmerzzentrum), verbunden mit dem Aufbau von interdisziplinärer Schmerz-Ambulanz und -Tagesklinik und Leitungsposition in der psychosomatischen Tagesklinik und psychosomatischen Abteilung, arbeitet die Autorin seit fünf Jahren vorwiegend in eigener Praxis, sowie in Ausbildung und Lehre in Bonn und Erlangen, und außerdem an Bonner Kliniken in der Behandlung chronischer Schmerzpatienten.

Einleitung

Literatur – 4

© Springer-Verlag GmbH Deutschland, ein Teil von Springer Nature 2019
B. Vill, *Vom Preis der Sesshaftigkeit*, Psychotherapie: Praxis,
https://doi.org/10.1007/978-3-662-58943-4_1

Sprüche aus dem Volksmund zeigen, dass das Thema Mobilität und Sesshaftigkeit die Menschen seit Generationen begleitet. In unserem Kulturkreis sind wir auf Sesshaftigkeit geprägt, der aktuelle Wertewandel in der Gesellschaft fordert Mobilität. Beides hat Vor- und Nachteile und birgt Konflikte. Dieses Kapitel gibt einen kurzen Überblick über die Komplexität des Themas und die Bedeutung individueller, gesellschaftlicher, biographischer und generationenabhängiger Aspekte von Sesshaftigkeit und Mobilität.

Geforderte Mobilität und ihr Preis, sei es aus beruflichen, politischen oder persönlichen Gründen, ist ein Dauerthema in den Medien und in Psychotherapien. Wie passt hierzu die jahrhundertlange Tradition der Orientierung in die andere Richtung, die Sesshaftigkeit und ihr Preis, im finanziellen und übertragenen Sinn?

In Zeiten politischer Umbruchsituationen, Flüchtlingskrisen, Migration, wirtschaftlicher Enge, der zunehmenden Zahl von Patchwork-Familien, der Globalisierung, Digitalisierung und geforderter beruflicher Mobilität geht fast alle dieses Thema an. Welche Vorbilder haben wir heute von gelungenen Lösungen?

> **Was unsere Eltern und Großeltern uns an Werten vorgelebt und vermittelt haben, passt oft nicht mehr.**

Die im Text eingefügten Sprüche aus dem Volksmund und Redewendungen sollen die Einstellung zum Thema seit Generationen und Jahrhunderten verdeutlichen.

Das Lebensskript eines Menschen, die Vorstellung von Glück und Erfolg, Wünsche, Hoffnungen, Bedürfnisse, ebenso wie Sorgen, Ängste und Unglück spiegeln sich oft an einem Haus, einer Immobilie. Kinder malen in ihren ersten Bildern Häuser und bauen sich welche aus Kisten, Decken, Holz. In aller Welt sind es junge Paare, die sich nach einem Eigenheim sehnen in der Phase der Familienbildung, als Versinnbildlichung des Angekommen-Seins und mit dem Wunsch nach einem sicheren Ort und nach Aufbau.

> **„My home is my castle." (Englisches Sprichwort)**

Dieses Sprichwort bedeutet, dass ein Haus ein Ort der Zuflucht, ein sicherer Hort ist. Es soll Schutz bieten vor Willkür und Angriffen von außen. Mobilität wird oft in vielerlei Hinsicht dadurch in eine Immobilität eingetauscht, die viele Jahre oder sogar lebenslang bestehen bleiben kann, finanziell, örtlich, emotional. Die Belastung wird oder wurde oft unterschätzt, ebenso das Ungleichgewicht, das damit in eine Paarbeziehung oder Familiensituation kommen kann. Anstehende berufliche, z. B. eine besser bezahlte Stelle, oder private Veränderungen, z. B. Scheidung, finden manchmal wegen einer Immobilie nicht statt.

Aber auch das junge Paar im neugebauten Eigenheim hatte Elternhäuser, die es verlassen hat, zu denen oft noch eine sehr enge oder eben keine Bindung besteht. Probleme zwischen verschiedenen Generationen unter einem Dach können vielfältig sein. Auch das spiegelt sich in einem Spruch aus dem Volksmund wider.

> **„Eigener Herd ist Goldes wert."**

Ungelöste Konflikte werden in das neue Heim mit eigenem Herd übernommen. Besonders kompliziert wird es, wenn das gemeinsame Zuhause des Paares zugleich das Elternhaus des einen ist, eventuell sogar nur zu Teilen vererbt wurde oder sogar Familienmitglieder mehrerer Generationen der einen Herkunftsfamilie sich das Zuhause teilen. Wer ist hier zugereist oder sogar fremd? Wer stört? Wer steht im Grundbuch, wer hat das Sagen? Wer macht die Arbeit? Wer hat oder verdient das Geld? Wie wird die unbezahlte Arbeit im und am Haus gewürdigt? Werden neue Impulse durch neue Mitglieder in dieser Gemeinschaft als Gefahr oder als Bereicherung gesehen? Manches Generationenproblem löst sich auch nicht durch den Weggang oder das Sterben einer Person.

> **„Wir sind nur Gast auf Erden
> und wandeln ohne Ruh,
> mit mancherlei Beschwerden,
> der ewigen Heimat zu."**

So dichtete Georg Thurmaier 1935 in seinem gleichnamigen Kirchenlied (Thurmaier 2014). Aufträge an die nächste Generation können den Tod überdauern und manche ungelösten Konflikte werden erst nach dem Tod offensichtlich.

Dies wird besonders deutlich beim Erben, Verteilen, Auflösen der elterlichen Wohnung. Alte Menschen beschäftigt vor dem Tod, wem sie ihr Haus, oft das Lebenswerk, vermachen. Streit unter Geschwistern fängt häufig genau dann an.

Wo verbringen alte Menschen die letzten lebenden Jahre auf dieser Erde, in einem „Heim"? Aufbau und Verfall von Häusern ist manchmal nur schwer zu trennen von den Lebensphasen der Bewohner. Vergrößerung und Verkleinerung von Familien, Schicksalsschläge, Todesfälle, Trennungen haben oft auch den Verkauf, das Verlassen, den Umbau zur Folge, wie in den folgenden beiden Haussprüchen deutlich wird.

» „Dieses Haus ist mein und doch nicht mein.
   Der nach mir kommt, dem wird es sein.
   Dem Dritten wird es übergeben, es kostet ihn sein eigen Leben.
   Den Vierten trägt man auch hinaus, nun ist die Frage: wem war das Haus?"

Oder:

» „Dies Haus ist mein und doch nicht mein.
   Dem's vor mir war, war's auch nicht sein.
   Er ging hinaus, ich ging hinein, nach meinem Tod wird's auch so sein."

Erfolgreiche Karrieren und Glück werden häufig hinter den Mauern von Villen vermutet. Lotterien verlosen Traumhäuser. In Zeitschriftenregalen gibt es eine Fülle von Wohn- und Hauszeitschriften. Man setzt sich ein Denkmal mit einer Immobilie, der unbewusste Wunsch, der Vergänglichkeit zu trotzen und sich Glück zu kaufen, spielt oft mit. Das Haus ist oft Sehnsuchtsort, wo die Liebe wohnt, wie August Heinrich Hoffmann von Fallersleben (1798–1874) in den Vers gefasst hat (1873):

» „In jedem Haus, wo Liebe wohnt,
   da scheint hinein auch Sonn und Mond.
   Und ist es noch so ärmlich klein,
   es kommt der Frühling doch herein."

Passt das Innere zum Äußeren? In Psychotherapien ist genau das oft ein Thema: die Bedeutung welcher Art auch immer von Immobilien, im Positiven wie im Negativen. Das zu Hause sein, nach Hause kommen, geschützt und sicher sein ist etwas Positives. Die Heimat, die sich im Haus, im Elternhaus, konkretisiert, wird als einmalig und unersetzlich für die Identität des Menschen empfunden, wie das Zitat von Unbekannt sagt:

» „Vergiss nie Deine Heimat,
   wo Deine Wiege stand,
   man findet in der Fremde
   kein zweites Heimatland."

Das Verlassen des Elternhauses, das Verlassen eines Hauses aus wirtschaftlichen, beruflichen, politischen oder Altersgründen, oder weil Beziehungen zerbrechen, ist oft bedrohlich und die Angst davor beschäftigt die Menschen. Das Haus schützt vor Neid und Hass, bis die Welt untergeht und bekommt so eine endzeitliche, eschatologische Dimension, wie in diesem Zitat (von unbekannt) deutlich wird, welches ebenfalls oft als Hausspruch verwendet wird:

» „Wenn dieses Haus so lang nur steht,
   bis aller Neid und Hass vergeht,
   dann bleibt's fürwahr so lange steh'n,
   bis die Welt wird untergehen."

An Immobilien spiegelt sich nicht nur das persönliche Schicksal von Einzelpersonen, Paaren und Familien, sondern auch von Bevölkerungsgruppen und Staaten. Häuser können besetzt und enteignet werden, wechseln die Besitzer. Je nach politischen Verhältnissen kann man sie auch nach Jahrzehnten zurückbekommen – und ist auch nicht unbedingt glücklich damit. Es wurde viel geschrieben über das Glück, psychische Gesundheit, Ressourcen, Resilienz und deren Auswirkungen auch auf die körperliche Gesundheit. Auch die Immobilie, das Haus, die Wohnsituation kann ein Faktor der Protektion oder der Chronifizierung bei Gesundheitsaspekten sein.

In diesem Buch soll zunächst bezüglich Mobilität und Sesshaftigkeit die mögliche Bedeutung für den Einzelnen beleuchtet werden, dann stehen gesellschaftliche und generationenspezifische Aspekte im Vordergrund. Ein Wertewandel in der Gesellschaft spiegelt sich auch in Psychotherapien. Flucht- und Migrationserfahrungen der Eltern- und Großelterngeneration in der Biographie werden in der Bedeutung häufig unterschätzt. Konfliktlösungsversuche und Ressourcen stabilisieren oft schon vor Beginn einer Psychotherapie und sollten in den therapeutischen Prozess integriert werden. Der Interaktion Patient-Therapeut ist ein gesondertes Kapitel gewidmet mit Hintergrundwissen und Anregungen für den therapeutischen Prozess.

Zusammenfassung
Das Thema Mobilität und Sesshaftigkeit spiegelt sich häufig am Haus, an der Immobilie, wider. Erwartungen, Wünsche, Hoffnungen, aber auch die Vergänglichkeit des Lebens, die Illusion der Bindung in Stein, werden deutlich.

Literatur

Hoffmann von Fallersleben AH (1873/1974) Liebesglück (Hrsg Wendeburg H, Gerbert A). Hofmann und Campe, Hamburg, S 64

Thurmair G (2014) Wir sind nur Gast auf Erden. Lied 505. Gotteslob. Katholisches Gebet- und Gesangbuch, Ausgabe für das Erzbistum Köln, 2. Aufl. Katholische Bibelanstalt, Stuttgart

Die Sesshaftigkeit als psychischer Konflikt – was bedeutet sie für den Einzelnen?

2.1 „Zu Hause", „bei der Mutter sein" psychodynamisch betrachtet – 6

2.2 Die Familie und die Familiengeschichte, eine Bindung aus Stein – 7

2.3 Die Persönlichkeit, die Identität, die eigene psychische Entwicklung – 9

2.4 Die gebaute Abwehr – 13

2.5 Die Religion, die Spiritualität – 14

2.6 Das letzte Zuhause – 15

2.7 Freuds Persönlichkeitshaus – 16

Literatur – 18

© Springer-Verlag GmbH Deutschland, ein Teil von Springer Nature 2019
B. Vill, *Vom Preis der Sesshaftigkeit*, Psychotherapie: Praxis,
https://doi.org/10.1007/978-3-662-58943-4_2

Innere und äußere Sesshaftigkeit stehen in einer Wechselwirkung zueinander. Das Haus kann als Externalisierung der Persönlichkeits- und Familienstruktur verstanden werden, d. h. unsere Häuser und Wohnungen bilden unser Innenleben und unser Familienleben ab. Zugleich prägen uns auch unsere Häuser und Wohnungen. Die Beziehung von Haus und Persönlichkeit ist wechselseitig. Psychische Umbauarbeiten und Stagnationen können sich in architektonischen Veränderungen oder Stillständen spiegeln und umgekehrt. Dieses Kapitel möchte Sie auf die Thematik einstimmen, angeregt durch viele Fallbeispiele.

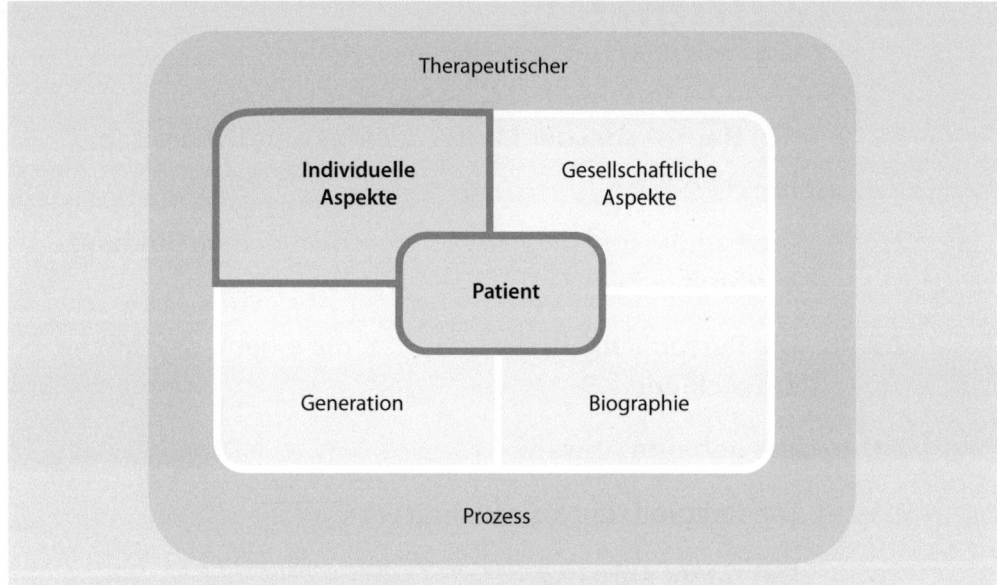

2.1 „Zu Hause", „bei der Mutter sein" psychodynamisch betrachtet

Was ist der Wunsch der meisten Menschen an eine Mutter? Sie soll verlässlich sein, da sein und wenn man sie braucht, Geborgenheit vermitteln. Meistens bedeutet dieser Wunsch auch ein Wiedererkennen von Vertrautem, was wiederum auch bedeutet, dass man die Umgebung, in der die Mutter lebt, wiedererkennt. Mit Besuchen bei der Mutter sind oft auch Besuche bei Kindergarten-, Schul- und Studienfreunden verbunden. Das Eltern-Haus steht meist da, wo mehrere dieser Bereiche abgedeckt werden. Vielen Menschen ist bei der Rückkehr ins Elternhaus diese „Hardware"-Umgebung sogar vertrauter als die Ansichten und Verhaltensweisen der Mutter, der Eltern. Oft freut man sich auf die gebackenen Kuchen oder die Lieblingsspeisen aus der Kindheit mehr als auf Fragen nach dem Ausbildungsstand, der Familienplanung oder der finanziellen Situation. Viele Häuser der Kinder, wenn sie ausgezogen sind, tragen deutliche Spuren des Elternhauses. In den Gärten befinden sich ähnliche Pflanzen wie zu Hause, oder gerade eben die, die es zu Hause nicht gab. Nach Auflösen der Elternhäuser finden sich Schränke, Geschirr, Bilder und Teppiche plötzlich in anderer Umgebung wieder, gemischt mit IKEA-Möbeln und Designerobjekten der Moderne. Und gerade dann vermitteln diese elterlichen Erinnerungsstücke einen Hauch von Geborgenheit und Beständigkeit. „Nach Hause kommen" nach der Arbeit ist assoziiert mit dem Gedanken an Entspannung, „sich fallen lassen zu können", die Kleidung zu wechseln und „ich" zu sein.

Gerade in der Psychotherapie geht es immer wieder um die Bindung zur Mutter und um die Abgrenzung von der Mutter, den Eltern, um das Eigene. Wie schafft man es einerseits, es der Mutter recht zu machen und dennoch zu wissen, was man eigentlich selber vom Leben will? Wie viel Zeit, Geld, Nerven braucht man zur Erhaltung und Instandhaltung des Hauses, der Wohnung? Was kann man an Hobbies, Zeit für die Familie oder Urlauben nicht leben, da das Haus diese Energien bindet? Wo wird die Grenze gezogen zwischen positiven, protektiven Eigenschaften des Hauses und übergriffigen Bedürfnissen, wenn das Haus das Leben bestimmt? Mancher ist bereit, auf teure Hobbys zu verzichten und am Urlaub zu sparen. Durch Krankheit oder erzwungene berufliche Veränderungen ist die Freiwilligkeit aber nicht mehr gegeben, und es geht um die blanke Existenz. Dann wird die „gütige Mutter" zum „gierigen Monster". In touristisch attraktiven Gegenden ist es nicht selten, dass Eigentümer eines Hauses ihre Wohnungen an Feriengäste in der Saison vermieten und solange selber in die Garage oder zu Freunden ziehen, um die Immobilie zu finanzieren.

2.2 Die Familie und die Familiengeschichte, eine Bindung aus Stein

Es sind häufig nicht nur die Eltern, sondern auch die Großeltern, Tanten, Cousinen etc., die mit dem Elternhaus und Erinnerungen daran verbunden sind. Familiengeschichte wird durch ein Familiensystem geschrieben und jedes Individuum ist Teil seines Systems. Bei allem Glauben an ein selbstbestimmtes Leben, spielt doch auch das Unbewusste in jedem Leben eine große Rolle. Welche ungelebten Anteile der Eltern/Großeltern sollen wir leben? Welche positiven und negativen Vorbilder prägen unsere Entscheidungen, was haben wir gelernt? Wovor haben wir Angst? Was bedeutet es, wenn wir sogar in unmittelbarer räumlicher Nähe zu der Herkunftsfamilie versuchen, unser eigenes Leben zu leben?

Gerade in ländlichen Bereichen war und ist es häufig üblich, in den Garten der Eltern zu bauen. Jeder hilft jedem, viel wird in Eigenarbeit, zu gleichen Teilen, geleistet. Sonst drohen Konflikte mit den „helfenden Händen".

Ein immer wieder auftretendes Thema in Psychotherapien ist die Übernahme von elterlichen Betrieben und die daraus entstehenden Folgen und Konsequenzen. Was zunächst einmal einfach oder bequem, besonders für Außenstehende, anmutet, kann richtig kompliziert werden.

Beispiel
Herr Albert (geb. 1958) hat die mütterliche Anwaltskanzlei übernommen. Sie ist in der Region bekannt und wirft sehr viel Geld ab. Durch die Spezialisierung der Mutter auf Steuerrecht wurde sie über Jahrzehnte in eine Richtung geprägt. Die Klienten kamen aufgrund des guten Rufs der Mutter und erwarteten, dass der Sohn in gleicher Weise arbeitete. Die Eltern bauten dem Sohn ein Wohnhaus in den eigenen Garten, beide hatten großes Interesse daran, dass der Name der Kanzlei weitergeführt wurde. Herr Albert heiratete, und es stellte sich für ihn nicht die Frage, wo die junge Familie einmal hinziehen würde. „Zu Hause" war alles bereitet. Da emotionale Nähe in der Herkunftsfamilie Albert nicht gegeben werden konnte, war dieses Angebot als Alternativwährung für Geborgenheit sehr verführerisch. Die Ehe des Herrn Albert scheiterte, denn es sollte alles so bleiben, wie es immer war. Für die Entwicklung eines „Wir-Gefühls" mit seiner neuen, eigenen Familie war emotional kein Platz. Er fühlte sich den Eltern verpflichtet, die Schwiegertöchter und Schwiegersöhne für „nicht zur Familie gehörig" hielten. Etwas gegen die Meinung oder Wertmaßstäbe der Eltern zu machen, wäre ein Affront gewesen und hätte Konflikt und Gefahr der Beziehung zu den Eltern bedeutet.

Es ist eine bekannte Tatsache für erfahrene Therapeuten, dass in Psychotherapien das Thema „Geld" noch später angesprochen wird, als das Thema Sexualität. Machtverhältnisse und Bindungen werden gerade aber am Thema Geld besonders deutlich. In den Familien, in denen Emotionen und sichere Bindung knapp sind, wird das Thema Geld sozusagen als Ersatzwährung gehandelt. Dies ist auch häufiger Grund von Erbstreitigkeiten. Man will bekommen, was einem bislang vorenthalten wurde. Bindung durch Geld kann enorm stark sein. Es lohnt sich durchaus, Patienten auch zu fragen: „Leben Sie in einer eigenen Immobilie? Wie wurde die finanziert und was bedeutet das für Sie?" Herr Alberts Leben hätte wahrscheinlich völlig anders ausgesehen, hätte er dieses auf ersten Blick „gemachte Nest" nicht gehabt. Der Preis für die elterliche Versorgung im goldenen Käfig ist hoch. Er ist gefangen. Die Eltern bestimmen sein Leben über den Tod hinaus: wie er seinen Beruf ausübt, wo er wohnt und wie er privat lebt. Diese Erkenntnis führte ihn in eine Psychotherapie.

Beispiel
Die Eltern von Herrn Baumann (geb. 1955) führten einen Gasthof, der bereits von den Urgroßeltern gegründet wurde. Es war keine Frage, dass eines der Kinder dieses Familienunternehmen weiterführen sollte. Als jüngster von fünf Geschwistern fühlte sich Herr Baumann dazu verpflichtet, nachdem alle anderen Geschwister anderweitige Berufe ergriffen hatten. Es war für ihn nicht einfach, eine Frau zu finden, denn deren Alltag war durch „das Haus" schon festgelegt, bevor Herr Baumann sie kannte. Die Eltern Baumann drängten den Sohn, endlich zu heiraten, da sie nicht mehr so viel arbeiten konnten wie früher. Die zukünftige Frau Baumann (geb. 1950), von Beruf eigentlich Bankkauffrau und Filialleiterin einer Drogerie, gab ihren Beruf auf und sollte als Schwiegertochter die Aufgaben der Schwiegermutter zunehmend übernehmen, bis diese sich dann zurückziehen wollte. Was als Übergangszeit gedacht war, wurde zum Dauerzustand. Die Schwiegermutter konnte ihre Position als Chefin nicht abgeben. Neue Ideen der Schwiegertochter oder auch nur leichte Versuche, etwas an der dringend renovierungsbedürftigen Gaststube zu modernisieren oder „etwas anders" zu machen, verursachten Familiendramen. In einem von den Eltern/Schwiegereltern verfassten Übergabevertrag war festgelegt, welche Bedingungen von dem jungen Paar zu erfüllen seien. Dazu gehörte neben der Pflege der Schwiegereltern auch die Verpflegung mit genauer Angabe der Fleischmenge pro Woche, die „den Alten" zustand. Frau Baumann erkrankte nach wenigen Jahren an einer generalisierten Angststörung und chronischen Schmerzstörung, die ihr die Erfüllung dieser Aufgaben nicht mehr möglich machten.

Gerade bei chronischen Schmerzpatienten ist die Häufung psychosozialer Probleme extrem hoch, oft kombiniert mit dem Gefühl der Ohnmacht, diese zu beeinflussen. Frau Baumann kommt nicht gegen das Familiensystem an und sieht für sich auch keine Zukunftsperspektive. Sie liebt ihren Mann und möchte ihn nicht verlassen, ohne sie könnte er den Gasthof nicht weiterführen. Den Anschluss an den eigenen Beruf hat sie längst verpasst, eine vergleichbare Stelle wie vor ihrer Heirat wird sie nicht mehr bekommen und traut sich das auch nicht zu. Ihr Mann könnte nur eine weniger lukrative Anstellung als Koch in einem anderen Gasthaus finden. Wieder wo anders „Chef" zu sein, würde finanzielle Investitionen bedeuten, die nicht machbar sind. Alle Finanzen flossen in das Elternhaus. Auch die Pflege der Eltern in fremde Hände zu geben, ist finanziell nicht möglich und außerdem vertraglich anders festgelegt. Die Angst vor dem sozialen Abstieg bei einem „Ausstieg" mit finanziellen Konsequenzen ist groß und real. Ein wichtiger Aspekt der Psychotherapie ist es, reale von unbegründeten Ängsten der Patientin zu unterscheiden. Im ersten Fall (reale Ängste) hat die Angst eine sinnvolle Warnfunktion, im zweiten Fall (unbegründete Ängste) soll die Angst vermindert oder beseitigt werden. Für Frau Baumann war es wichtig, die Funktion des Symptoms der

Somatisierung zu erkennen. Ein „Ich will nicht" wäre bedeutend problematischer, als ein „Ich kann nicht". Durch Familiengespräche mit Mann und Schwiegereltern konnte eine neue Umgehensweise miteinander erarbeitet werden und die Schwiegereltern zogen sich aus dem Betrieb zurück.

Und wenn die Elternhäuser nicht mehr existieren, z. B. durch Tod der Eltern? Der Verlust des Elternhauses wird manchmal als Verlust der Mutter/Eltern erlebt oder umgekehrt: der Erhalt des Hauses ist ein unbewusster Versuch, die Mutter/Eltern zu erhalten. Manche Menschen erleben die Aufgabe des Elternhauses regelrecht als „Verwaisung", auch im Erwachsenenalter.

Beispiel
Herr Bergmann (geb. 1956) stand 10 Jahre nach dem Tod seiner Eltern vor der Entscheidung, das elterliche Haus (das bereits 10 Jahre leer stand) zu verkaufen und von dem Geld ein Eigenheim für sich und seine Familie zu kaufen/bauen, oder das Haus nach seinen Bedürfnissen um zu bauen. Beides wollte er nicht, seine Familie wurde ungeduldig. Er erkrankte an einer Depression.

Sein Konflikt war: verkaufen würde bedeuten, sich von den Eltern erneut zu lösen, umbauen würde bedeuten, sich weiter an die Eltern zu binden, denn das ständige Umbauen, das er erlebt hatte, wäre ein Fortführen der elterlichen Gewohnheiten. Beides wollte er nicht. Die Antriebsschwäche der Depression schützte Herrn Bergmann davor, handeln zu müssen. Das „Ich will nicht" wurde durch ein „Ich kann nicht" ersetzt, das dann auch von der Familie akzeptiert werden musste. Die Zeit arbeitete für Herrn Bergmann. Die Depression wurde behandelt. Die Bausubstanz war durch den langen Leerstand irgendwann nicht mehr zu retten und ein Umbau stand nicht mehr zur Diskussion. Auf dem Baugrund wurde dann ein neues Haus errichtet, ein Kompromiss, mit dem alle leben konnten. Aufgrund seiner abhängigen Persönlichkeit war es Herrn Bergmann nicht möglich gewesen, diese Entscheidung einige Jahre vorher selber zu treffen.

2.3 Die Persönlichkeit, die Identität, die eigene psychische Entwicklung

Wenn sich die eigene persönliche Entwicklung sogar im Elternhaus, unter einem Dach, entfalten soll, ist dies eine besondere Herausforderung. Es ist nicht egal, wer im Parterre wohnt, wer im Keller und wer unterm Dach. Wer ist oben und wer unten? Vieles war immer schon so und was ist an Veränderung erlaubt? Wer hat ein schlechtes Gewissen bei was? Darf die Tochter im Garten liegen, wenn die Mutter die Straße kehrt? Wie geht es der Mutter, wenn die Schwiegertochter Familie und Beruf vereinbaren kann, was sie selber immer gewollt hätte aber nicht durfte oder konnte? Wie geht man mit Neid um und wie mit Bewunderung? Was bedeutet es für die Persönlichkeitsentwicklung, in einer kleinen Einliegerwohnung zu wohnen oder diese mit den Eltern zu tauschen, wenn diese in ihr sogenanntes Altenteil ziehen?

Beispiel
Frau Chesag (geb. 1980) ist Zahnärztin und litt während ihres Studiums in den USA an einer Essstörung. Die Eltern in Deutschland hatten sich gerade getrennt, und sie hatte immer das Gefühl, nicht genug bezüglich der Vermittlung zwischen den Eltern getan zu haben. Und nun war sie auch noch außer Landes. Die Symptomatik besserte sich durch eine Verhaltenstherapie in den USA und war dann für Jahre völlig verschwunden. Sie kehrte nach Deutschland zurück, heiratete, arbeitete in einer Klinik in Leitungsfunktion und bekam ihr erstes Kind. Die junge Familie wohnte im Haus der Schwiegereltern. Mit der Geburt des Kindes kam die Essstörung zurück, verbunden mit einem sehr drängenden Schuldgefühl, es den Schwiegereltern in deren Haus nicht recht zu machen. Diese kamen unangekündigt in die Wohnung

des jungen Paares, wollten täglich die Enkelin sehen und kommentieren Kleidung, Ernährung, Schlafgewohnheiten der Enkelin. Sehr gerne wäre die Schwiegermutter Ärztin geworden, nach dem Krieg bot sich ihr jedoch aus vielen Gründen nicht diese Möglichkeit. Für sie war es unvorstellbar, dass die Schwiegertochter Beruf und Familie vereinbaren konnte, und sie wartete nur darauf, dass sie Fehler in der Kindererziehung sehen und beheben müsste. Frau Chesag wurde zunehmend unsicherer in ihrem Beruf und konnte ihn vor Beginn der stationären Therapie nicht mehr ausüben. Parallel zu der Angststörung traten rezidivierend Panikattacken auf.

Nach der stationären und in Begleitung einer ambulanten Psychotherapie wurde Frau Chesag nach dem Hamburger Modell wieder eingegliedert in den Beruf. In der Klinik kam sie zunehmend gut zurecht, durch Bestätigung von Kollegen und Patienten fasste sie wieder Selbstvertrauen. Die Symptome der Essstörung reduzierten sich langsam. Diese linderten sich weiter durch die Unterstützung des Ehemanns, der durch Erziehungsurlaub deutlich Mitverantwortung für die Tochter übernahm. Auch sorgte er durch Gespräche mit seinen Eltern für klare Regeln des Umgangs. Frau Chesag selber traute sich nie, diese Regeln ein zu fordern. Es wäre für sie wie ein Verstoß gegen das Hausrecht der Schwiegereltern. Sie fühlte sich als Gast. In der Therapie waren Schuldgefühle das zentrale Thema, vorwiegend gegenüber den eigenen Eltern, die auch auf die Schwiegereltern projiziert wurden. Zunehmend schaffte es die Patientin, sich für das Glück und Unglück und die ungelebten Anteile der Eltern und Schwiegereltern nicht mehr verantwortlich zu fühlen, sondern für das eigene Glück. Sie fand wieder Vertrauen in sich als Ärztin und Mutter, schaffte es auch, sich gegenüber Kollegen und Eltern/Schwiegereltern besser abzugrenzen. Sie erkannte genau ihre „Triggerpunkte", bei denen die Schuld- und Schamgefühle auftraten. Sie sieht es als ihre Lebensaufgabe an, ihr eigenes Leben zu führen und nicht Eltern, Schwiegereltern oder Vorgesetzte glücklich zu machen. Diese Versuche hatten ihre gesamte Kindheit bestimmt.

Wie fühlt es sich an, wenn man aufgrund von Scheidung/Trennung das Haus, mit dem man sich sehr identifiziert, verlassen muss?

Beispiel
Frau Coburg (geb. 1958) ist eine gut aussehende, attraktive Frau und hat sich ihr ganzes Leben lang über ihre Männerbeziehungen zu attraktiven, wohlsituierten Männern definiert. Diese ermöglichten ihr auch einen Lebensstil, den sie sich ohne Berufsausbildung nie hätte selber ermöglichen können. Nach der unfreiwilligen Trennung von einem langjährigen Lebensgefährten erkrankte sie an einer schweren Depression und Panikattacken. „Da habe ich jetzt ein Problem, das ich mir nie hätte träumen lassen. Ich werde älter und für die Männer unattraktiver, die suchen sich jüngere. Gelernt habe ich nichts. Wenn ich aus dem Haus ausziehen muss, gebe ich meine Identität auf, mein soziales Umfeld. Ich stehe vor dem Nichts. Mehr noch: meine Person löst sich auf."

Warum kommt ein Patient gerade jetzt in Therapie und nicht früher oder später? Dies ist eine wichtige Frage, die sich der Therapeut zu Beginn einer Therapie stellen muss. Die Beantwortung dieser Frage sagt viel aus über die Persönlichkeitsstruktur und die Psychodynamik des Patienten oder aber über dessen Abwehrmechanismen und (unteroptimale) Lösungsversuche von Konflikten, die in einem Lebensabschnitt sinnvoll waren, es nun aber nicht mehr sind. Für Frau Coburg war ihr Aussehen viele Jahrzehnte lang ihr Kapital. Komplizierte Beziehungsarbeit hatte sie nicht nötig. Wenn Beziehungen erkalteten, „rutschte" sie einfach in neue. Sie sah das zwar auch als eine Art der Selbstständigkeit an, dachte aber nicht an die zeitliche Begrenztheit. Ihre narzisstische Persönlichkeitsstruktur machte es ihr an diversen Arbeitsstellen und in Ausbildungsverhältnissen auch nicht möglich, sich unterzuordnen. „Das hatte ich nicht nötig". Sie identifizierte sich mit Statussymbolen der Partner, besonders

2.3 · Die Persönlichkeit, die Identität, die eigene psychische Entwicklung

deren jeweiligen Häusern und sonnte sich in der Rolle des „schmückenden Beiwerks". Für ihre Eltern, die in sehr ärmlichen Verhältnissen lebten, blieb der Traum einer eigenen Immobilie immer unerfüllt. Sie waren sehr stolz auf die Tochter, die „es geschafft hatte".

Beispiel
Die Eltern von Frau Drechsler (geb. 1956) trennten sich, als diese 7 Jahre alt war. Sie und die Geschwister blieben beim Vater, die Mutter zog mit der neuen Urlaubsbekanntschaft ins Ausland. Da der neue Mann der Mutter keine eigenen Kinder bekommen konnte, nahm die Mutter einige Jahre später kurzentschlossen die Kinder zu sich. Dies funktionierte, da ihr bei der Trennung das Sorgerecht der Kinder zugesprochen worden war, welches sie jahrelang jedoch nicht in Anspruch nahm. Keines der Kinder konnte die Sprache im Ausland oder wollte sie erlernen. Der Vater hatte aufgrund des mütterlichen Sorgerechts keine Handhabe, die „Wegnahme der Kinder" zu verhindern. Zum Studieren kehrte Frau Drechsler nach Deutschland zurück, heiratete, bekam selber vier Kinder und baute mit dem Ehemann ein Haus. Die Ehe entwickelte sich als äußerst schwierig, der Mann zog aus und begann eine neue Beziehung. Frau Drechsler war mit Beruf und Kindererziehung überfordert, konnte das Haus alleine nicht finanzieren und erkrankte an einer Depression. Es fanden neben den psychotherapeutischen Einzelsitzungen auch Paargespräche statt. Beide Partner waren an einer gemeinsamen Zukunft interessiert. Auch Herr Drechsler wuchs mit getrennten Eltern auf. Nach einigen Jahren zog er wieder in das gemeinsame Haus zurück, die Ehe wurde fortgeführt.

Frau Drechsler sagte: „Da hängen so viele Erinnerungen am Haus, da sind die Kinder groß geworden. Das Haus ist wie die Bühne, auf der das Theaterstück der Familie stattfand. Das Haus ist der Rahmen, ohne den die Familie auseinanderfällt. Ich konnte mir nicht vorstellen, das Haus zu verlassen. Die Erinnerung an die Hälfte meines Lebens ist mit diesen Wänden verbunden. Aus dem Haus weg zu gehen, hätte eine Neuauflage von dem bedeutet, was ich als Kind erlebt habe. Und ich habe mir geschworen: nie mehr wieder so was". Obwohl man das Verhalten von Frau Drechsler als unteroptimalen Lösungsversuch bezeichnen könnte, besserte sich die Depression deutlich. Da ihr bewusst wurde, warum sie so handeln musste und was der biographische Zusammenhang war, kehrte „innerer Frieden" ein und sie machte eine weitreichende psychische Entwicklung durch. Sie wiederholte auch die Opferrolle nicht mehr. Sie stellte Bedingungen, unter denen die Ehe für sie weitergeführt werden konnte und ging auf die Bedürfnisse des Ehemannes ein, wurde wieder berufstätig. Auch der Ehemann konnte durch seine Introspektionsfähigkeit sein Handeln und Fühlen mit seiner eigenen Biographie in Verbindung bringen und die Denk- und Fühlweise seiner Frau verstehen. Beide hatten in der Paartherapie gelernt, Konflikte an zu sprechen und nach Lösungen zu suchen, die für beide passten.

Fast jeder kennt es: man betritt das Elternhaus als Besucher und ist wieder Kind. Man möchte verwöhnt werden – oder hilft man doch mit, den Tisch nach dem Essen ab zu räumen? Mütter fragen auch erwachsene Männer, ob sie die Regenjacke beim Spaziergang nicht lieber mitnehmen wollen oder vielleicht auf dem kalten Steinboden doch die Pantoffeln anziehen möchten. Wohnt man als Erwachsener noch im Elternhaus, ist es als Single schwer, sich aus der Kinderrolle zu lösen. Vielleicht ist es aber noch schwerer mit Partner oder Partnerin. Viele berichten, dann buchstäblich zwischen den Stühlen zu sitzen. Zu wem hält man bei Streitigkeiten? Hält man zu der Ehefrau, obwohl man eigentlich die Meinung der Mutter vertritt? Verprellt man die Eltern, wenn man eigene Bereiche absteckt, z. B. Türen absperrt oder darauf besteht, dass Eltern an einer Etagentüre schellen und nicht selbstverständlich einen Schlüssel haben beziehungsweise diesen selbstverständlich benutzen wie ihren eigenen? Die eigene psychische Entwicklung kann sich auch in dem Wunsch zeigen, Umbauten, Anbauten,

Ausbauten des bestehenden Hauses vorzunehmen, sozusagen die eigenen Bedürfnisse „in Stein zu meißeln" und Spuren zu hinterlassen.

Beispiel
Herr Esser (geb. 1945) heiratete als mittelloser Student die Tochter eines reichen Kaufmanns. Das junge Paar lebte im Anwesen ihrer Eltern und bewohnte, auch mit 3 kleinen Kindern, lediglich 2 Zimmer in einem großen Haus. Zunehmend litt Herr Esser unter Somatisierungsstörungen, besonders unter Herzrhythmusstörungen und der Angst, einen Herzinfarkt zu erleiden. Auch als die Schwiegereltern verstarben, wollte seine Ehefrau keine großen baulichen Veränderungen im Haus zulassen, die die Eltern nicht gewollt hätten. Nur den Garten durfte Herr Esser nach seinen Wünschen gestalten. Herr Esser, der mittlerweile im Beruf sehr erfolgreich war, baute ein Gartenhaus nach dem anderen in den großen Park, ließ Wege anlegen, wo bisher keine waren und Erdmassen verschieben. Die Somatisierungsstörungen, die über viele Jahre hartnäckig bestanden hatten, verschwanden im Laufe der Jahre vollständig. Er kaufte im Verlaufe seines Berufslebens noch mehrere Immobilien, ohne seine Frau davon zu informieren. Mit jedem Hauskauf verschwand ein Symptom.

Man kann sagen, Herr Esser war trotzig. Die unterdrückte Wut seiner Frau gegenüber richtete sich gegen den eigenen Körper und zeigte sich in der Angst zu sterben, einen Herzinfarkt zu erleiden, an Krebs zu sterben, zu ersticken. Andererseits beschreibt er die Wut als Motor, sein Leben und sein Umfeld selber gestalten zu können. „Ohne diese Wut im Bauch hätte ich mich beruflich nie so reingestresst." In diesem Fall hat der Patient den Konflikt zwar nicht mit der Ehefrau oder den Schwiegereltern, aber mit sich selber gelöst. Er wollte sich „in Stein zeigen" und jedem Kind mindestens ein Haus vererben. Man sollte ihm nicht nachsagen können, er sei ein „Schmarotzer" und „habe es nur durch eine reiche Heirat geschafft".

Auch Carl Gustav Jung (1875–1961), „Erfinder" der Analytischen Psychologie, baute des Öfteren sein Haus um – immer dann, wenn er auch innerlich wichtige Veränderungen erlebte (Jung 1971).

Nicht immer muss es ein Umbau sein, auch die Einrichtung des Hauses kann sich im Laufe der Jahre verändern und wichtige psychische Umstellungen spiegeln. Genauso fällt es auf, wenn sich über Jahre und Jahrzehnte eine Einrichtung nicht ändert oder nicht ändern darf.

Beispiel
Frau Tischler (geb. 1965) wollte eine Psychotherapie beginnen, um mit ihrer „achtzigjährigen verrückten Mutter" besser umgehen zu können. Diese sei seit dem Tod des Vaters „völlig durchgeknallt". Sie habe alle Möbel rausgeschmissen, auch Antiquitäten, und sich bei IKEA völlig neu eingerichtet. Ihren noch vom Vater vor seinem Tod geplanten runden Geburtstag mit 100 Gästen in einer gut bürgerlichen Gaststätte habe sie abgesagt und sei mit ihren Freundinnen zum Chinesen essen gegangen. Sie kleide sich jetzt so, wie der Vater es nie gemocht habe, und färbe sich plötzlich wieder die Haare.

Was auf den Leser zunächst lustig und verständlich wirken mag, warf Frau Tischler und ihre Geschwister aus der Bahn. Ihre Mutter hatte sich in allem dem Willen des Vaters gebeugt. In welchem Ausmaß das geschah, erfuhren sie erst nach dessen Tod. Die Wohnungseinrichtung nach ihrem Geschmack zu verändern, war für die Mutter wie der Anstoß einer Lawine. „Dadurch fühlte sie sich wieder jung." Frau Tischler bearbeitete in der ambulanten Psychotherapie dann ihre generalisierte Angststörung, der Umgang mit der Mutter erübrigte sich von selber, nachdem sie ihre Wut und ihren Neid auf die Mutter akzeptierte.

Trauen Eltern ihren Kindern zu, ein eigenes Haus zu bauen? Gibt es Zuweisungen wie: „Du darfst dieses Haus nie verkaufen."? Wenn selbst erlebt wurde, wie sich die Eltern dieses Haus regelrecht vom Munde abgespart haben, fällt die eigentlich sinnvolle, freie und wirtschaftliche Entscheidungen des Hausverkaufes noch viel schwerer.

Beispiel
Frau Ebel (geb. 1981) kommt aufgrund chronischer, seit Jahren bestehender therapieresistenter Rückenschmerzen in stationäre Behandlung. Bis zum Tod des Vaters vor drei Jahren kannte sie keine körperlichen Schmerzen. Als sie 10 Jahre alt war, erkrankte die Mutter an Krebs und verstarb nach langem Leiden. Frau Ebel übernahm die mütterlichen Aufgaben im Haushalt, schloss das Gymnasium mit Bestnoten ab. Bei der Wahl des Studienfaches war ausschlaggebend, dass sie im Haus wohnen bleiben und den Vater versorgen konnte. Ähnlich gestaltete sich die Partnerwahl. Auch nach dem Tod des Vaters war ihr der Gedanke unvorstellbar, „das Haus im Sich zu lassen". Die Eltern kamen beide als Flüchtlinge unter schwierigsten Bedingungen aus Ostpreußen nach Deutschland und hatten sich „jeden Stein vom Munde abgespart".

Die eigene psychische Entwicklung wird durch das Leben mehrerer Generationen bestimmt. Nicht immer werden die Aufträge explizit ausgesprochen. Bis zum Tod des Vaters bedeutete „Haus" für Frau Ebel Halt und gewohntes Umfeld in der Lebensphase der Kindheit und der Krankheitsphase der Mutter. Nach dem Tod des Vaters wäre sie frei gewesen, ihr eigenes Leben zu gestalten. Doch bei der Partnerwahl kam nur der in Frage, der bereit war, dort (ohne viel Veränderungswünsche) einzuziehen. Auch die Berufswahl war nicht frei. Ein Wechsel an einen anderen Studienort war nicht vorstellbar. Der Halt wurde zur Fessel und die Rückenschmerzen begannen. „Wie meine Wirbelsäule mir eigentlich Halt geben sollte, so tut sie mir jetzt weh. Das ist genauso, wie mit dem Haus". Frau Ebel waren die Zusammenhänge durchaus bewusst. Sie wollte eine Verhaltenstherapie beginnen, um sich von dem Haus lösen zu können.

Der „Zahn der Zeit" nagt auch an Materie, nötige Renovierungen symbolisieren die Vergänglichkeit. Menschen, die auf sich achten, achten meist auch auf ihr Umfeld. Zu einer psychiatrisch/psychosomatischen Anamnese gehört auch die Frage nach dem Erscheinungsbild des Patienten, beziehungsweise das Erscheinungsbild des Patienten im Auge zu behalten. Viele Menschen mit Depression vernachlässigen ihr Äußeres oder ihre Wohnungen. „Instandhaltung lohnt sich nicht mehr." Durch psychische Erkrankungen verliert so mancher nicht nur Beruf, Familie und soziales Umfeld, sondern auch die Sesshaftigkeit. Persönliche, berufliche und örtliche Neuorientierung können andererseits durch die Bindung an ein Haus behindert werden. Ein schönes Haus (oder Wohnung) kann zu einem Gefängnis werden, oder zu einem goldenen Käfig.

2.4 Die gebaute Abwehr

Ein „Dach über dem Kopf" bedeutet Schutz, vor widrigen Wetter- und anderen Lagen. Ein Haus ist Rückzugsmöglichkeit, Fluchtburg, ein Ort der Gemütlichkeit und Intimität. Vorhänge, Fenstergitter, Rollläden, Gartenzäune, Alarmanlagen etc. sagen oft manches über die Ängste der Bewohner aus. Wer oder wessen Blicke sollen abgewendet werden? Auch der Baustil der Häuser gibt Auskunft über Sehnsüchte (z. B. nach südlichen Ländern) oder die Herkunft (Alpenstil in Norddeutschland), kann Zeichen der Abwehr von Heimweh oder Fernweh sein.

Ein Hausbau kann auch Abwehr gegen die Ängste vor dem Leben und dessen Unwägbarkeiten sein, sozusagen „lebenslänglich sicher". Immobilien gelten als finanziell krisensichere Investitionen und als Altersvorsorge.

Nicht zuletzt kann ein Hausbau auch innere oder familiäre Konflikte abwehren, dadurch, dass man eine gemeinsame Aufgabe hat. Solange man baut, braucht man nicht andere Gemeinsamkeiten vermissen. Das Haus und sein Auf- und Umbau kann zum Projekt werden, das dem Leben Sinn und der Familie Zusammenhalt gibt. Das Haus ist oft das gemeinsame Ziel, das Paare und Familien vereint. Schwierig kann es werden, wenn das Haus fertig ist. Was dann? Es braucht ja nicht gleich der Tod zu kommen, wie es in Thomas Manns „Buddenbrocks" (1986) heißt:

> » „Wenn das Haus fertig ist, kommt der Tod." (Türkisches Sprichwort)

Es genügt schon, wenn das Ziel verlorengeht, weil es erreicht ist, oder der Sinn der Familie in Frage steht, weil der Hausbau als das sinngebende Objekt bei Fertigstellung wegfällt. Was dann oft kommt, ist nicht das „Himmelreich", sondern die Depression. Depression ist häufig die Reaktion auf einen Verlust, in diesem Fall der Verlust des gemeinsamen Ziels. Wenn solche Mechanismen unbewusst bleiben, sitzt am Ende die Familie oder das Paar unglücklich im neuen Prachthaus, und keiner weiß, warum nicht Euphorie, sondern Depression einzieht.

Auch in den Biographien vieler Prominenter findet man dieses Phänomen. Zum Beispiel war Katia Mann, nachdem ihr Ehemann Thomas den „Tod in Venedig" im Jahre 1912 abgeschlossen hatte, fast anderthalb Jahre ununterbrochen zu verschiedenen Kuraufenthalten in der Schweiz, um ihre Lungenkrankheit zu kurieren. Was ihr aus psychosomatischer Sicht wahrscheinlich den Atem verschlagen hatte, war das versteckte homosexuelle Bekenntnis ihres Ehemannes Thomas Mann. Aber sie bleiben zusammen, bewahren Haltung und bauen ein Haus (Illies 2012).

Muss man Eigentümer sein um Geborgenheit und Sicherheit in den eigenen vier Wänden zu erfahren? Wenn man flexibel bleiben möchte, kann man Häuser und Wohnungen auch mieten. Außerdem übernimmt der Vermieter dann die Mutterrolle. Ist die Heizung kaputt oder ein Fenster klemmt: er oder sie wird es schon richten und muss das sogar. Die rechtliche Situation ist diesbezüglich wesentlich eindeutiger als im familiären Bereich. Der Mieter hat sozusagen rechtlich abgesichert die Kinderrolle. Sie wird durch die Mietzahlung erkauft.

Beispiel
Herr Fischer (geb. 1950) hatte eine „furchtbare Kindheit als unerwünschtes Kind". Weder Vater noch Mutter kümmerten sich um ihn. In der Schule wurde er gehänselt und war unbeliebt, da er durch Besserwisserei bemerkt werden wollte und sich bei Lehrern durch Verpetzen der Schulkameraden Beliebtheit erhoffte. Von diesen Mechanismen konnte er sich auch im Laufe seines Lebens nicht distanzieren. In der Psychotherapie aufgrund einer generalisierten Angststörung wurde deutlich, dass er sich von seinem Vermieterehepaar eine Versorgung erzwingen wollte, die er als Kind nicht bekommen hatte. Er suchte nach Mängeln, schrieb Briefe, in denen er die unverzügliche Beseitigung dieser Mängel unter Androhung von Mietkürzung oder rechtlichen Schritten forderte. Seinen Nachbarn machte er das Leben schwer, indem er sich durch Bellen von Hunden, Spielen von Kindern, Feiern jeglicher Art belästigt fühlte und alles sogleich an Ordnungsamt oder Polizei meldete, wo er bald stadtbekannt war.

Unbeliebt sein ist Herrn Fischer vertraut. Er versteht das nicht, da er doch alles richtig macht in seinen Augen und für Ruhe, Recht und Gerechtigkeit sorgt. Seine Nachbarn wundern sich, warum er nicht aufs Land oder in eine ruhigere Umgebung zieht. Mitten in einer Großstadt, dazu noch in einem Studentenviertel, ist das Leben der vielen Nachbarn nur schwer zu kontrollieren. Von seinen Vermietern möchte er bestens versorgt werden, zeigt aber auch diese an und prozessiert vor Gericht mit ihnen. Den Groll über die in seinen Augen nicht hinreichende Anerkennung sollen sie spüren. Bei den Eltern hat er das nicht geschafft. Seine multiplen Ängste, auch vor der Rache der anderen, versteckt er hinter immer zugezogenen Rollos.

2.5 Die Religion, die Spiritualität

Emotionale Bindungen können sicher oder unsicher sein. Manchmal kann die Bindung an Immobilien eine nicht vorhandene emotionale Bindung ersetzen. Auch beim Thema „Erbe" wird dies deutlich. Manchmal trennen sich Menschen, die wenig emotionale Wärme erlebt haben, besonders schwer vom Elternhaus, wenn sie dieses erben und ein Verkauf eigent-

2.6 · Das letzte Zuhause

lich sinnvoll wäre. Was bedeutet es, wenn die Übernahme eines Hauses nur mit Schulden zu bewältigen ist? Ein solches „Geschenk" kann ein „schweres Erbe" sein. Nimmt man ein solches Erbe nicht an, werden Schulden eventuell durch Schuldgefühle ersetzt, was auch nicht einfacher zu bewältigen ist.

Das Haus kann ein spirituelles Objekt werden. Ein protestantisches Kirchenlied fasst es so: „Ein feste Burg ist unser Gott." (Evangelisches Gesangbuch 1994, S. 362) Das Haus kann zu einem Zufluchtsort im Sinne eines Heiligtums werden und gottähnlichen Stellenwert annehmen. Hier ist man sicher, die Abwehr des Bösen ist aus Stein gebaut. Opfer werden in hohem Ausmaß dem Haus, seiner Instandhaltung und Finanzierung gebracht.

Feng-Shui-Ratgeber geben Hinweise, wie ein Heim zu sein hat, wenn Böses abgewehrt werden und positive Energien fließen sollen. Die alte chinesische Ansicht findet in den letzten Jahren zunehmend auch in Europa und besonders in Deutschland Anhänger, die Hinweise werden jedoch manchmal als Anweisungen verstanden. Spiegel sollen an bestimmten Stellen hängen, Wege nicht gerade, sondern geschwungen verlaufen, Farben werden nicht vorwiegend nach Geschmack und „Bauchgefühl", sondern nach „Kopf" und Bedeutung gewählt. Das „Qi" muss in einem Haus stimmen, sonst wird der Mensch krank und hat keinen Erfolg.

Beispiel

Frau Keller (geb. 1960) hat von den Eltern nach deren Tod das Elternhaus geerbt, in dem auch sie immer wohnte. Sie ist Einzelkind. Auch arbeitete sie im elterlichen Betrieb, der nach dem Tod der Eltern geschlossen wurde. Die Eltern hatten zu allen Bereichen des Lebens sehr genaue Vorstellungen und Regeln. Finanziell ist sie, auch vor der Rente, abgesichert, aber unglücklich. Schon immer lebt sie ohne Partner. Ihre Heimatstadt hat sie nie verlassen, nie einen anderen Vermieter oder Arbeitgeber als die Eltern gehabt. Beziehungen zu Freunden halten nicht lange, zunehmend bekommt sie körperliche Probleme und Angst. Der Hausarzt denkt an eine Somatisierungsstörung und stellt eine Überweisung zu einem Psychotherapeuten aus. Frau Keller kommt widerwillig und in sehr großen Abständen zu den probatorischen Sitzungen und möchte vor Antragstellung dann doch die Behandlung abbrechen. Es seien jetzt endlich verschiedene Nahrungsmittelunverträglichkeiten diagnostiziert worden. Wenn sie sich an strenge Diätregeln halte, gehe es ihr schon wesentlich besser, und ihr Haus habe sie auch nach Feng-Shui-Regeln umbauen und streichen lassen. Eine Psychotherapie brauche sie nicht mehr.

Frau Keller ist haltlos und fühlt sich der Welt nicht gewachsen. In dem Leben mit den Eltern war beruflich und privat sehr eindeutig geregelt, was richtig und was falsch, was gut und was böse war. Um sie herum passiert das Leben, an dem sie nicht Teil hat. In dem großen leeren Haus fühlt sie sich nicht wohl, will die Sicherheit der eigenen Immobilie aber auch nicht verlassen. Nach dem Tod der Eltern behandelt sie das Haus wie ein Heiligtum, in dem auch ohne Eltern feste Regeln gelten sollen. Feng-Shui hilft ihr, wieder gibt es genaue Regeln, unter denen man sich wohlfühlen muss. Und wenn man es doch nicht tut, so ist ihre Meinung, hat man die Regeln noch nicht perfekt befolgt. Genauso ist ihre Einstellung zu Nahrungsmittelunverträglichkeiten. Wenn Frau Keller von Blähungen, Bauchschmerzen oder Schlaflosigkeit geplagt wird, hat sie etwas Falsches gegessen. Orthorexie ist eine neue Variante von Essstörung in unserer Gesellschaft. Der Betroffene ist der Überzeugung, dass nur dieses oder jenes für ihn gut ist und ernährt sich besonders gesund - nach seiner Ansicht. Dies kann vegetarisch, vegan, Paleo oder Rohkost bedeuten, oder aber individuell nach verschiedenen selber aufgestellten Regeln variieren.

2.6 Das letzte Zuhause

Immer häufiger kommen auch Patientinnen und Patienten über 65 Jahre in psychotherapeutische Behandlung. Zum Glück wird dies mittlerweile von den Krankenkassen akzeptiert. Depression und Angst sind die Hauptdiagnosen. Inhaltlich geht es häufig um ungelöste Familienkonflikte mit Kindern oder Partnern nach dem Ruhestand. Probleme, die „im Griff" waren, weil die Partner nicht den ganzen Tag miteinander verbrachten und die Aufgabenverteilung klar war, werden evident, wenn beide den Alltag miteinander teilen. Häufig kommt dann auch die Frage auf: Wollen wir hier wohnen bleiben, uns im Alter verkleinern oder „schwellen- und barrierefrei" wohnen? Wer versorgt uns oder mich bei Hilfsbedürftigkeit? Aufgrund der geforderten beruflichen Mobilität wohnen die Kinder oft nicht mehr am Wohnort der Eltern. Zu den Kindern zu ziehen bedeutet Aufgabe sozialer Kontakte und Aufgabe des gewohnten Wohnumfeldes. Auch wird die ersehnte Freiheit häufig dann von der Aufgabe beschnitten, die Enkel zu hüten. Von vielen Erinnerungsstücken wird man sich trennen müssen. „Der Preis der Sesshaftigkeit" kann aber andererseits Vereinsamung im gewohnten Heim sein, bis hin zur Verwahrlosung. Diese Angst vor dem ungewissen Befinden und ungewissen „Versorgt sein" in den letzten Lebensjahren bringt Menschen über 65 häufig über Somatisierungsstörungen und den Hausarzt zum Psychotherapeuten. Die Idee der Altersversorgung durch Kinder kann genauso scheitern wie die der Altersversorgung durch den Ehepartner. Mobilität ist in diesem Alter für die meisten eine große Herausforderung, besonders wenn das ganze Leben sehr sesshaft verlief. Je enger die Bindung an die Familie gelebt wurde, desto eher können sich Menschen im höheren Lebensalter vorstellen, lieber bei den Kindern in einer anderen Stadt zu leben als ohne Familie in der eigenen Wohnung, in der gewohnten Stadt.

Zunehmend ist es für ältere Menschen eine Angst erzeugende Vorstellung, in Altenheime nach Osteuropa oder Asien von der (ungeliebten) Verwandtschaft gesteckt zu werden, da sie preiswerter sind. Häufig sind dies Menschen, die ihr Leben lang Deutschland nicht verlassen haben.

Nicht nur für die betroffenen Eltern ist das ein schwieriges Thema, auch für die betroffenen Kinder.

Beispiel
Frau Lehmann (geb. 1956) leitet ein großes Unternehmen, hat selber keine Kinder und ist glücklich verheiratet. Die Eltern leben in einer 300 km entfernten Stadt im eigenen Haus und kamen bisher gut zurecht. Durch einen Schlaganfall des Vaters mit körperlichen und psychischen Folgen änderte sich dies jedoch schlagartig. Die Mutter war mit der Pflege des Vaters überfordert und wurde selber krank. Frau Lehmann verkaufte im Auftrag der Eltern das Haus, organisierte den Umzug und besorgte für ihre Eltern einen Platz im betreuten Wohnen in ihrer Nähe. Das alles stemmte sie neben ihrer verantwortungsvollen Berufstätigkeit, bekam allerdings einen Bandscheibenvorfall, als alles erledigt war. Die Schmerzen drohten zu chronifizieren, durch eine multimodale Therapie und viel Disziplin bekam Frau Lehmann ihre Beschwerden wieder in den Griff. Schwieriger war es für Frau Lehmann, ihre Stimmung in den Griff zu bekommen, vor allem nach Absetzten der Antidepressiva.

Im Laufe der begleitenden ambulanten Psychotherapie wurde immer deutlicher, dass sich Frau Lehmann schuldig fühlte. Sie habe die Eltern „aus dem Haus vertrieben". Die Eltern seien Flüchtlinge aus Ostpreußen und hätten sich dieses Haus „vom Munde abgespart". Sie habe nun etwas Ähnliches gemacht wie der Krieg, nämlich die Vertreibung der Eltern. Auch der Einwand, die Eltern hätten das so gewollt, erleichterte sie nicht, ebenso wenig wie die fast täglichen Besuche bei den Eltern. Frau Lehmann hat dadurch keinerlei Freizeit mehr und ist „nur noch unterwegs zwischen Arbeit und Heim".

2.7 Freuds Persönlichkeitshaus

Redewendungen wie
- „Du altes Haus!",
- „eins aufs Dach kriegen",
- „mir fällt das Dach auf den Kopf",
- „eine Leiche im Keller haben"

2.7 · Freuds Persönlichkeitshaus

deuten darauf hin, dass das Haus ein symbolisches Bild für die innere seelische Struktur sein kann. Dies war Freuds (1856–1939) Idee, die er erstmals in „Das Ich und das Es" (1923) zu Papier brachte. Freud sah die Persönlichkeit als dreiteiliges Gebäude, vereinfacht gesagt. Der Keller (in dem die Leichen und die Weine liegen) ist das „Es". Der Dachboden und das Dach, das schützen oder drücken kann, ist das „Über-Ich," wo die alten Ge- und Verbote, oder die Ge- und Verbote der Alten lagern. Die schönen Räume dazwischen werden vom „Ich" bewohnt. Das Ich hat die Aufgabe, die Forderungen von oben und unten entweder dort – auf dem Dach oder im Keller – zu halten, oder, wenn sie in den Wohnbereich eindringen, diplomatisch zwischen Geboten von oben und Trieben von unten zu vermitteln. (◘ Abb. 2.1) Träume sagen viel über den Konflikt des Ich mit dem Es und mit dem Überich aus. Melanie Klein (1882–1960), eine Schülerin Freuds, fügte zu dem Haus-Bild die Vorstellung hinzu, dass in dem Persönlichkeitshaus alle Familienmitglieder, lebende und verstorbene, wohnen – als Bewohner, Freud nannte sie „Introjekte", Klein gab ihnen den Namen „Innere Objekte" (Klein 1995). Freud war übrigens der Ansicht, dass wir nicht „Herr im eigenen Hause" sind, sondern diese Introjekte, die ohne unser Wissen ihr Unwesen treiben und uns steuern (Freud 1917).

Geht man der Phantasie nach, dass unser Körper wie ein Haus ist und unser Haus wie ein Körper, entsprächen die Rohrleitungen des Hauses dem Verdauungstrakt, den „Gedärmen" und den Blutgefäßen, die Elektroleitungen den Nerven.

Auch der Apostel Paulus benutzt in seinem ersten Brief an die Gemeinde in Korinth das Bild vom heiligen Haus, um die Psyche zu verstehen: „Euer Leib ist ein Tempel des Heiligen Geistes" (1. Kor 6,19). Der Leib wird hier als Container verstanden, der den Geist in sich halten kann – oder auch das Begehren und die fleischlichen Begierden. Freud sagt später: Die Triebe. Störungen im Triebleben oder Beziehungsstörungen können sich durch den Leib manifestieren, nämlich als psychosomatische Symptome (Freud 1895; Groddeck 1923).

In der katholischen Kirche betet die Gemeinde während der Wandlung vor Austeilung der heiligen Kommunion: „Herr, ich bin nicht würdig, dass du eingehst unter mein Dach, aber sprich nur ein Wort, so wird meine Seele gesund" (Gotteslob 2014). Auch hier wird wie-

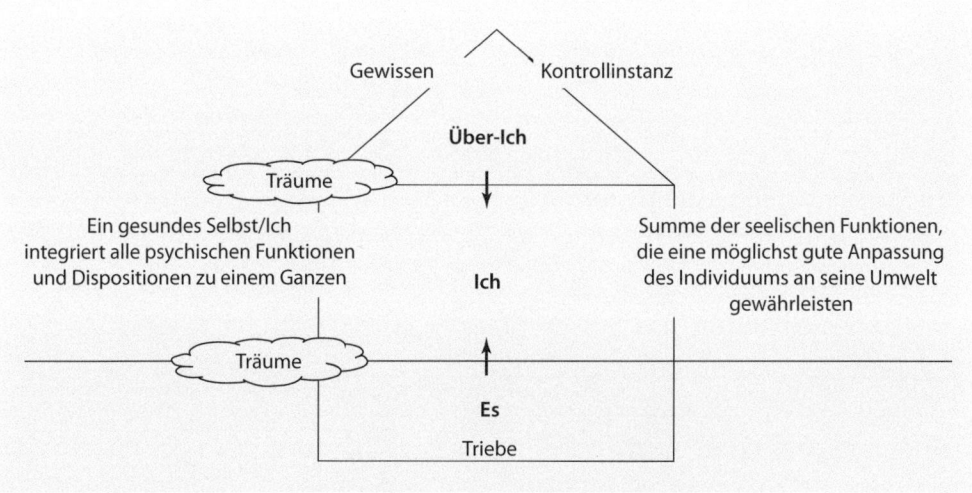

◘ **Abb. 2.1** Freuds Persönlichkeitshaus: Das Ich vermittelt zwischen Über-Ich und Es

der die Vorstellung des Leibes, der Person als Haus deutlich.

Wie ein Haus gebaut ist, entspricht oft auch dem, wie die Menschen und die Familien sind, die das Haus bauen. Das Haus wäre dann eine Real-Externalisierung der Psyche.

Matthias Hirsch (2006) widmet dem Haus ein eigenes Buch, in dem er die Symbolik des Hauses für Leben und Tod, Freiheit und Abhängigkeit beschreibt.

Zusammenfassung

Dieses Kapitel zeigt die Bedeutung von Sesshaftigkeit und Wohnsituation für den Einzelnen. So individuell wie jeder Mensch ist die Wahl seiner Wohnsituation und so unterschiedlich sind die Konflikte, die er auf dem Hintergrund seiner Biographie damit verbindet, gestaltet oder löst. Es lohnt sich, in Therapien die oft erstaunlichen Zusammenhänge zwischen Lebenserfahrungen, Wohnsituation und aktueller Symptomatik zu erfragen und zu beachten.

Literatur

Evangelisches Gesangbuch (1994) Ausgabe für die Evangelisch-Lutherischen Kirchen in Bayern und Thüringen. Evangelischer Presseverband für Bayern e.V., München

Freud S (1895) Studien über Hysterie. In: GW, Bd 1. Fischer, Frankfurt am Main, S 75–314

Freud S (1917) Eine Schwierigkeit der Psychoanalyse. In: GW, Bd 12. Fischer, Frankfurt am Main, S 3–14

Freud S (1923) Das Ich und das Es. In: GW, Bd 13. Fischer, Frankfurt am Main, S 237–292

Gotteslob (2014) Katholisches Gebet- und Gesangbuch, Ausgabe für das Erzbistum Köln, 2. Aufl. Katholische Bibelanstalt, Stuttgart

Groddeck G (1923) Das Buch vom Es – Psychoanalytische Briefe an eine Freundin. Internationaler psychoanalytischer, Leipzig/Wien/Zürich

Hirsch M (2006) Das Haus, Symbol für Leben und Tod, Freiheit und Abhängigkeit. Psychosozial, Gießen

Illies F (2012) 1913. Der Sommer des Jahrhunderts. Fischer, Frankfurt am Main

Jung CG (1971) Erinnerungen, Träume, Gedanken. Walter, Düsseldorf

Klein M (1995) Schriften 1920–1945, Teil 1. Frommann-Holzboog, Stuttgart

Mann T (1986) Buddenbrocks – Verfall einer Familie. Fischer, Frankfurt am Main, S 365

Gesellschaftliche Aspekte von Mobilität und Sesshaftigkeit

3.1 Sozialgeschichte – 20

3.2 Schicht – 22

3.3 Wandergesellen, Wissenschaftler und Auslandserfahrung – 23

3.4 Zeit – 24

3.5 Männer und Frauen – 25

3.6 Moderne Nomaden – 28

3.7 Von Beruf Nomade – 30

Literatur – 32

© Springer-Verlag GmbH Deutschland, ein Teil von Springer Nature 2019
B. Vill, *Vom Preis der Sesshaftigkeit*, Psychotherapie: Praxis,
https://doi.org/10.1007/978-3-662-58943-4_3

Das Schicksal von Sesshaftigkeit und Nicht-Sesshaftigkeit spielt sich individuell und gesellschaftlich ab. In diesem Kapitel sollen die gesellschaftlichen Auswirkungen der Mobilität und Sesshaftigkeit beleuchtet werden, die über die individuellen Konstellationen hinausgehen, die also personenübergreifend eine Vielzahl von Menschen in gleicher Weise betreffen. Zu unterscheiden ist hierbei die Mobilität, die Lebensabschnitte betrifft (Umzüge, Stellenwechsel etc.) von der täglichen Mobilität (Pendler). Dieses Kapitel lädt dazu ein, bei unseren Patienten aufmerksam zu werden, was die individuelle Problematik von Mobilität und Sesshaftigkeit mit den aktuellen Realitäten zu tun hat. Es soll helfen zu unterscheiden, was ein Konflikt des Einzelnen und was ein Konflikt unserer Zeit und unserer Kultur ist. Dies hat Auswirkungen auf den therapeutischen Prozess.

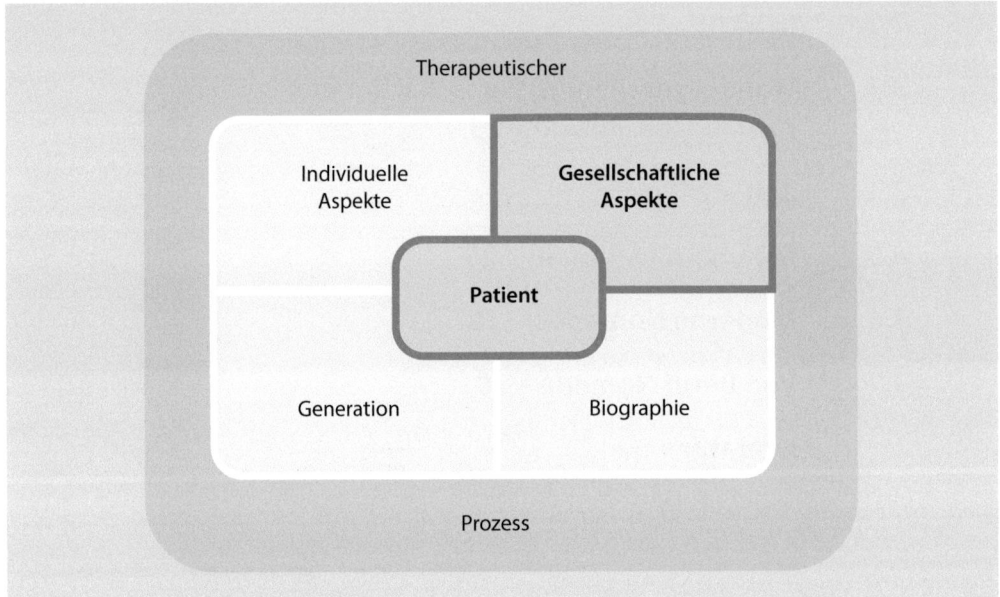

3.1 Sozialgeschichte

Wenn man über Sesshaftigkeit spricht, hat dies auch immer viel mit Sozialgeschichte zu tun. Wir wurden von Eltern erzogen, die wiederum von ihren Eltern geprägt wurden. Vor 50 bis 100 Jahren sah die Welt noch anders aus, und die Sesshaftigkeit hatte eine völlig andere Bedeutung. Der Radius, in dem sich die Menschen im Alltag bewegten, schließt man Flucht und Migration aus (▶ Kap. 5), war unvergleichlich kleiner, die Verkehrsmittel völlig andere. Dadurch waren Wege langsamer, teurer und für viele unerschwinglich. Sesshaftigkeit war schon aus diesem Grund erst mal eine Selbstverständlichkeit. Unsere Großeltern oder Urgroßeltern haben häufig den Heimatort oder den dazugehörigen Landkreis kaum verlassen. Die Reise in die nächstgelegene Großstadt war ein besonderes Ereignis und dafür brauchte es einen besonderen Grund.

Als 1835 die erste Dampflokomotive „Adler", die sechs Kilometer von Nürnberg nach Fürth zurücklegte, in Betrieb genommen wurde, galt dies als Revolution der Mobilität, als gefährlich und angsterregend. Es entwickelte sich in der Folge die „Eisenbahnkrankheit", mit Symptomen wie Panikattacken, Übelkeit, Schwindel, nervöse Reizbarkeit, Verdauungsstörungen etc., was man auf

3.1 · Sozialgeschichte

die „atemberaubende" Geschwindigkeit von gut 25 km/h zurückführte. Heute braucht die „Eisenbahn" mit dem „Thalys" 3 Stunden 14 Minuten für die knapp 500 km von Köln nach Paris bei einer Durchschnittsgeschwindigkeit von 170 km/h. Mit dem Flugzeug reist man die gleiche Strecke bei ca. 400 km/h im Schnitt in knapp anderthalb Stunden.

Heute ist Sesshaftigkeit fast schon die Ausnahme. Welcher junge Mensch bekommt eine unbefristete Stelle oder kann mit dem Fahrrad zur Arbeit fahren? Und wenn bei Familien beide Partner arbeiten, ist die Wahrscheinlichkeit extrem groß, dass mindestens einer weite Fahrstrecken in Kauf nehmen muss. Immer noch studiert etwa die Hälfte aller Abiturienten im Umkreis der Heimatstadt. Nach Studienabschluss ändert sich die Situation gravierend.

Die Geschichte der Menschheit begann mit Bewegung. Über 2,5 Millionen Jahre jagte und sammelte der Homo sapiens in kleinen Gruppen und wanderte von Ostafrika in den Mittleren Osten, nach Europa und Asien, und schließlich nach Australien und Amerika.

- **Homo Sapiens schlug Wurzeln**

Das änderte sich vor ca. 10.000 Jahren. Der Homo Sapiens schlug innerhalb von nur ein paar tausend Jahren Wurzeln. Er säte, bewässerte, erntete, züchtete, legte Äcker und Gärten an, baute Hütten und Häuser. Er arbeitete im Schweiße seins Angesichtes von früh bis spät für mehr Gemüse, mehr Getreide, mehr Fleisch, mehr Wohnraum, mehr Sicherheit. Er wurde sesshaft.

Harari (2018) beschreibt in seiner Geschichte der Menschheit diesen Übergang vom mobilen Jäger und Sammler zum bodenständigen Landwirt, von der Mobilität zur Sesshaftigkeit, als die „landwirtschaftliche Revolution". Während die Jäger und Sammler umherzogen und von der Hand in den Mund lebten, häuften und hüteten die Bauern ihre Äcker, verteidigten sie gegen Konkurrenten, und expandierten, um die Natur zu domestizieren. Domestizieren kommt von „domus", lateinisch für „das Haus", das Symbol für die Sesshaftigkeit.

Aborigines, die Ureinwohner Australiens, sind Jäger und Sammler. Sie sind in Bewegung (Chatwin 2013). „Walkabout" ist ihr Wort für ihre Lebensweise. Nur noch wenige leben diesen Lebensstil in Reservaten oder haben sich in die moderne Bevölkerung integriert. Ihr „Haus" war der Busch oder bestenfalls das Zelt. Wenn eine Gruppe Aborigines weiterzog, sah man nach wenigen Tagen nichts mehr von ihrer Bleibe. Sie ließen die Natur unberührt.

Der Urkonflikt zwischen Mobilität und Sesshaftigkeit hat sich auch in der biblischen Mythologie niedergeschlagen (Genesis 2). Die Vertreibung des Menschen („Adam und sein Weib") aus dem Paradies der Jäger und Sammler in den Ackerbau, wo sie sich „im Schweiße ihres Angesichtes" plagen, malt ein Bild von der Agrarischen Revolution, vom Übergang aus der Mobilität in die Sesshaftigkeit.

In der Bibel liest man, dass Kain seinen Bruder Abel erschlug (Genesis 4). Kain ist die Personifizierung und Repräsentanz des Ackerbauern, des Sesshaften. Abel ist der umherziehende Nomade. Die übergeordnete Instanz, in Genesis 1 der Herr, bevorzugt den Abel, den Nomaden, er nimmt sein Opfer an und löst damit den mörderischen Konflikt aus. Kain wird in die „Nicht-Sesshaftigkeit" verbannt, „unstet und flüchtig" soll er sein, erzwungene Mobilität wird ihm als Strafe für den Brudermord auferlegt.

Die dialektische Beziehung zwischen Mobilität und Sesshaftigkeit bildet sich auch in der Geschichte Israels ab, wie sie im Alten Testament gezeichnet ist. Die Geschichte des Gottesvolkes ist eine Bewegung aus der Sesshaftigkeit in die Sesshaftigkeit. Die Israeliten leben in Gefangenschaft in Ägypten als Arbeitssklaven. Sesshaftigkeit war dort mit Arbeit und Sklaverei verbunden. Es gibt eine Art Revolution, und das Gottesvolk wird ein Wandervolk und wandert durch die Wüsten in Richtung einer neuen Sesshaftigkeit, ins „gelobte Land" nach Kanaan. Ihre Gottheit ist zunächst ein Wandergott, der als Rauchsäule vor ihnen hergeht. Ihr Heiligtum ist mobil, die „Bundeslade" mit den Gesetzestafeln. Wenn das nomadische Gottesvolk sein Lager aufschlägt, steht die Lade in einem

Zelt. Am Ende einer langen Mobilität steht dann der Tempel in Jerusalem, das Gotteshaus, „ein Zelt, das nicht mehr abgebrochen wird" (Jes. 33,20). Der Gott ist in einem Haus sesshaft geworden, vorübergehend, bis zur Zerstörung, zur Vertreibung, zum Exil in Babylon.

Adam Phillips (2014) hat in einer Freud-Biographie die These vertreten, Freuds Psychoanalyse sei auch auf dem Hintergrund von Sesshaftigkeit und Mobilität zu verstehen. „Psychoanalyse ist vor allem eine Psychologie von und für Einwanderer, es ist eine Migrantenwissenschaft. Der Mensch, den Freud in der Psychoanalyse beschreibt, ist eine Person mit wenig Autonomie, er ist Mächten unterworfen, die er weitgehend weder kontrollieren noch verstehen kann. Ein Wesen, das durch sozialen Zwang traumatisiert ist. Ein Mensch, dessen Sehnsüchte schlecht in die Welt passen, die er vorfindet." Die Familie Freud emigrierte von Freiberg (Tschechoslowakei) nach Wien (Österreich), Freud war damals vier Jahre alt. Er starb 1938 in seinem Londoner Exil (England).

Freud schrieb über die individuellen Spuren der „agrikulturellen Revolution", den Konflikt zwischen Trieb (Mobilität) und Kultur (Sesshaftigkeit) in „Das Unbehagen in der Kultur" (Freud 1930).

- **Mobilität und Sesshaftigkeit prägen die Geschichte der Menschheit und die Psychosomatik des Individuums**

Ein weiteres Beispiel dafür bietet der Ansatz Balints (2017) mit seinem Konfliktpaar: Oknophilie und Philobatismus – die Tendenz zu verwurzeln und der Drang, sich zu bewegen.

Auch Fritz Riemann (2017) beschreibt in seinen „Grundformen der Angst", einer tiefenpsychologischen Studie, bereits 1961 das Gegensatzpaar der zwanghaften Persönlichkeit (Angst vor Wandlung, Vergänglichkeit und Unsicherheit) versus der hysterischen Persönlichkeit (Angst vor Notwendigkeit, Endgültigkeit und Unfreiheit). Das Buch erscheint bereits in der 43. Auflage.

Auch die moderne Operationalisierte Psychodynamische Diagnostik (OPD) übernimmt die Einteilung in Gegensatzpaare (Krankheitserleben und Behandlungsvoraussetzungen (I), Beziehung (II), Konflikt (III), Struktur (IV) sowie psychische und psychosomatische Störungen (V)) (Arbeitskreis OPD 2014).

- **Der Wertewandel in der Gesellschaft und die Grundbedürfnisse des Menschen**

So sehr uns derzeit der Wertewandel in der Gesellschaft prägt, so sehr prägen uns auch Grundbedürfnisse des Menschen über tausende von Jahren, sichtbar an Stellen aus der Bibel und Überlieferungen von den Gründern der Psychoanalyse und deren Schülern.

Aus biologischer und medizinischer Sicht ist interessant, dass beim Übergang vom Nomadentum zum Ackerbau (und damit zur Sesshaftigkeit) vor vielen tausend Jahren die Knochendichte des Menschen rapide abnahm.

3.2 Schicht

Sesshaftigkeit hat auch mit der Schicht zu tun, in der man lebt oder in die man hineingeboren wurde. Menschen aus der Arbeiterschicht zog es dahin, wo es Arbeit gab. Je höher die Bildung oder der Stand durch Geburt, desto wahrscheinlicher war es, vor Ort Arbeit zu finden oder noch deutlicher: nur wo der Besitz der Familie war, konnte man gut leben. Heute ist es fast umgekehrt, Akademiker müssen flexibel sein und europaweit oder weltweit ihr Geld verdienen. Gerade mit hohem und spezialisiertem Ausbildungsniveau ist es Luxus, am Ort der Schul- oder Berufsausbildung auch für die Erwerbstätigkeit zu bleiben und eine „gute" Stelle zu bekommen. Wenn der Partner oder die Partnerin ebenfalls eine anspruchsvolle Arbeit finden möchte, ist häufig mindestens einer zur Mobilität gezwungen. Gerade bei jungen Familien mit kleinen Kindern ist das ein großes Problem. Die Zahl der Wochenendpendler nimmt in den letzten Jahren stetig zu. Auch bei intakten Familienbeziehungen wird einer dadurch unter der Woche zum Alleinerziehenden.

Beispiel
Herr Kugel (geb. 1985) hat nach einem „exzellenten Abitur" eine „steile Karriere hingelegt", Stipendien und Auszeichnungen begleiten seinen beruflichen Werdegang. Gleiches gilt für seine Freundin (geb. 1985), beide haben sich durch gemeinsame Veranstaltungen in der Begabtenförderung kennengelernt. Er hat eine Professorenstelle im Ausland, sie eine Professorenstelle in Deutschland. Durch das soziale Umfeld angeregt, plant man nun eine Familie, Hochzeit, Kinder. In der Planungsphase kam es zu gravierenden Streitigkeiten, das Paar wünscht gemeinsame Gespräche, sie können sich nicht „auf ein Konzept" einigen. Keiner kann oder möchte beruflich zurückstecken, der zukünftig gemeinsame Wohnort bietet „Kopfzerbrechen".

„Mit anderen Berufen auf anderem Niveau wäre das alles kein Problem." Mit diesem Satz von Herrn Kugel beginnt die gemeinsame Sitzung. „Als Schreiner oder Elektriker würde man sich hier die Finger nach mir lecken. Mit meiner Spezialisierung gibt es aber in ganz Europa nur wenige Stellen." Einen ähnlichen Satz spricht seine Freundin. „Ich kann doch nicht alles aufgeben, was ich mir über Jahre hart erarbeitet habe, übrigens mit viel, viel Arbeit und Verzicht, nur um Frau Kugel und Mutter seiner Kinder zu werden". Es wird deutlich, dass bei beiden eine Reduzierung der Arbeitszeit nicht möglich ist und auch, realistisch, kein Ortswechsel. Das soziale Umfeld hat wenig Verständnis für „Euer Luxusproblem", beide Partner haben aber einen enormen Leidensdruck. Die Freundin weint in der Sitzung, „eigentlich" hat sie Sehnsucht nach einem gemeinsamen Haus, Kindern und mehr Zeit. Sie weiß jedoch, wenn sie ihre Stelle aufgibt, kann sie nur deutlich unter ihrem jetzigen Niveau „wieder einsteigen", „dann war alles umsonst".

Welche Rolle spielt der Therapeut bei solch einer Fragestellung? Zunächst macht es den Eindruck, als säße man als Richter am Verhandlungstisch bei einer juristischen Streiterei und sollte eine gerechte Entscheidung fällen und Aufträge an beide Parteien vergeben. Die inneren Konflikte jedes Partners, seine Transgenerationalität und die aktuelle gesellschaftliche Situation werden in der ersten Sitzung schon deutlich. Eine Bemerkung der Freundin macht sehr nachdenklich: „Ich habe schon an social freezing gedacht, lass meine Eizellen einfrieren und bekomm in der Rente ein Kind". Die Therapeutin bot den Begriff der Commuter-Ehe, beide Ehepartner leben in zwei räumlich getrennten Haushalten, als Lösung an (Peukert 2004). Beide Ehepartner wohnen schon jetzt aus beruflichen Gründen an einem anderen Ort. Die jeweiligen Eltern zeigen wenig Verständnis für die Probleme des jungen Paares, da die finanzielle Situation durch ein Gehalt abgesichert ist. Identität und Selbstwert werden in die Überlegungen nicht mit ein bezogen. Das „biologische Zeitfenster" des „Kinderkriegens" setzt viele jungen Frauen bei der Kombination von Karriere und Familie unter Druck. Beruf und Familie sind heutzutage durch das zunehmende Angebot an KITAS mit flexiblen Öffnungszeiten vereinbar, aber sind auch Karriere und Familie vereinbar? Nutzt da eine „Frauenquote?"

3.3 Wandergesellen, Wissenschaftler und Auslandserfahrung

Nicht-Sesshaftigkeit bedeutet auch, neue Erfahrungen zu sammeln und über den „Tellerrand" zu schauen. Dies ist der Hintergrund der handwerksorientierten Wandergesellenkultur. Wie machen es die anderen? Wie kommt man mit neuen Situationen zurecht? Was kann man von anderen abschauen? Auch in Kunst und Literatur bedeuten Reisen wichtige Schaffensperioden. Was für Goethe die Italienreise war, waren für viele Maler Aufenthalte in Frankreich bei den Impressionisten. Wissenschaftler sind oft akademische Wandergesellen. Auslandserfahrung ist mittlerweile in vielen Wissenschaftsbereichen und Berufen die Voraussetzung für Karriere und Aufstieg. In fast jedem Lebenslauf von Wissenschaftlern, die Karriere machen wollen oder gemacht haben, findet man Auslandserfahrungen. Manchmal ist dies sogar das Kriterium für die Vergabe einer hoch dotierten und angesehenen Stelle.

Die englische Sprache hat sich aktuell als Wissenschaftssprache etabliert, so dass der Wissenschaftsbetrieb international und global funktioniert. Im Altertum war die „internationale" Weltsprache Griechisch, die im Mittelalter vom Lateinischen abgelöst wurde. Das Thema des internationalen Austausches ist nicht neu, nur die Dringlichkeit mitzumachen hat sich geändert.

Auch in Schule und Studium werden Auslandsaufenthalte immer beliebter. Andere Länder, ihre Menschen und Sitten kennen zu lernen, ist wahrscheinlich die beste Maßnahme für den Weltfrieden.

Beispiel
Herr Matthäus (geb. 1996) hat gleich nach dem Abitur mit 17 Jahren ein Studium begonnen und das Angebot eines Auslandssemesters in den USA nach dem Bachelor angenommen. In den USA kam es zu gravierenden Somatisierungsstörungen mit Krankenhausaufenthalten zur organischen Abklärung, seine Mutter musste ihn abholen und er brach den Auslandsaufenthalt ab. Der Hausarzt in Deutschland überwies ihn notfallmäßig in die psychosomatische Sprechstunde, „Der Junge hat Heimweh und sonst nichts."

Der Hausarzt hatte recht, das zeigte sich auch im Erstgespräch mit Herrn Matthäus. Schuld- und Schamgefühle beutelten Herrn Matthäus, der Angst hatte, von seinen Freunden ausgelacht zu werden. „Alle gehen doch ins Ausland, warum kann ich Weichei das denn nicht? Ich brauche aber eine ordentliche Diagnose, sonst lachen mich alle aus. Schreiben Sie bloß nicht, dass ich nichts Körperliches habe."

Der soziale Druck des Umfeldes wurde bei diesem Patienten extrem deutlich. Er selber war durch biographische Aspekte noch nicht „reif" für eine längere und örtlich weite Distanzierung von den Eltern. Die Mutter hatte eine Karzinomerkrankung in seiner Kindheit, und er fühlte sich ständig für ihre Gesundheit verantwortlich, da der Vater sich dem Familienleben und jeglicher Verantwortung entzog.

3.4 Zeit

Mobilität verschlingt Zeit, Zeit für Wege und Zeit für den Aufbau neuer Sozialkontakte. Sportlehrer und Musiklehrer beklagen, dass kaum mehr Ruhe und Geduld bei den Schülern besteht für Sport- oder Musikinstrumente, die nicht mal eben schnell zu erlernen sind. Natürlich liegt das nicht nur an der Mobilität, sondern auch an anderen gesellschaftspolitischen Veränderungen. Aber auch an der Mobilität? Kinder von Diplomaten oder (meist) Vätern mit Berufen, die zu ständigen Umzügen zwingen, berichten häufig in der Psychotherapie bei der Frage nach Ressourcen, dass es sich nie gelohnt habe, z. B. einer Theatergruppe oder einer Schulband beizutreten. Der Alltag war so anstrengend, dass dafür weder Zeit noch Muße blieb.

Muße ist ein wichtiges Schlagwort beim Coaching beruflich hoch engagierter und mobiler Menschen. Gibt es sie wirklich noch? Wer schaut bei Hochgeschwindigkeitszügen oder Flugzeugen verträumt aus dem Fenster und wer arbeitet oder spielt in der Reisezeit mit modernen Medien? So mancher muss den Weg aber auch als Arbeitszeit nutzen.

Und wenn man nicht Bahn, sondern mit dem Auto zur Arbeit fährt, steht man im Stau. In NRW zum Beispiel pendelt jeder zweite Arbeitnehmer. Wegezeiten zur Arbeit von mehr als 90 Minuten pro Tag (bei jedem vierten Arbeitnehmer) bedeuten Stress. Nervosität, Unruhe, Schlafstörungen, psychosomatische Beschwerden sind häufig.

Beispiel
Herr Wegner (geb. 1982): „Sehr gerne würde ich ein anderes Leben führen als das, was ich habe. Gerne wäre ich wieder frei und unabhängig. Durch Umstrukturierung im meinem Betrieb muss ich ständig mit der Kündigung rechnen. Die Versetzung an eine Außenstelle

mit 90 Minuten Fahrzeit pro Weg nehme ich in Kauf. Die Schulden für das Eigenheim müssen abbezahlt werden. Solange meine Eltern leben, kann ich das Haus nicht verkaufen. Die sind so stolz, dass ich es zum Hausbesitzer gebracht habe, was sie nie konnten. Das würde ihnen das Herz brechen. Außerdem hat mein Vater sehr viel in Eigenleistung an meinem Haus renoviert. Aber unabhängig von meinen Eltern kann ich mich auch nicht von dem Haus trennen. Auch wenn es merkwürdig klingt, von meiner Frau könnte ich das wesentlich leichter. Irgendwie habe ich das drin: mein Haus, mein Auto, mein Boot!", obwohl ich lieber sagen würde: „meine Zeit!".

Herr Wegner wird alle paar Monate mit den klinischen Symptomen eines Herzinfarktes in die Notaufnahme des naheliegenden Krankenhauses eingeliefert. Nie zeigt sich in Laborbefunden oder dem EKG ein pathologischer Befund. Der behandelnde Kardiologe hat ihm eine psychotherapeutische Mitbehandlung empfohlen oder einen Aufenthalt in einer psychosomatischen Klinik. Zu letzterem konnte sich Herr Wegner aus Angst um seinen Arbeitsplatz nicht entscheiden. Herr Wegner ist emotional sehr mit seinen Eltern verbunden. Seine Berufswahl und der Ort der Sesshaftigkeit wurden durch seine Eltern geprägt. Er lebt mit der Auffassung: „Jetzt kann ich das auch nicht mehr ändern. Dann hätte ich das Geld für das Grundstück als Geschenk meiner Eltern nicht annehmen dürfen." Ein Weg zurück auf halber Strecke? Sowohl seine berufliche Situation als auch seine Lebensziele sind anders als die der Eltern. Seit Kindheit ist er der Hoffnungsträger der Familie, aus den Brüdern „ist nichts geworden". Eigentlich möchte er seinen Hobbies nachgehen und Zeit für seine musikalischen Talente in der Freizeit haben, zu der es nie kommt.

Immobilität scheint die Voraussetzung für Muße und kreative Langeweile zu sein. Auf manche Ideen kommt man eben erst, wenn Zeit dafür da ist. Soziales Engagement entwickelt sich zum Beispiel erst, wenn das blanke eigene Überleben gesichert ist Die sogenannte „Work-Life-Balance" fällt bei Sesshaftigkeit leichter.

3.5 Männer und Frauen

Die Scheidungsrate in Deutschland steigt ständig und nähert sich den 50 %. Immer mehr Ehepartner trennen sich auch nach 20 oder mehr Ehejahren. Wer von beiden bleibt sesshaft (im gemeinsam abbezahlten Haus)? Seit 2008 wurde das Unterhaltsrechtrecht geändert. Dies betrifft auch Ehen, die vorher geschlossen wurden. In der Annahme, auch im Falle einer Scheidung durch den (meist) besserverdienenden Mann versorgt zu sein, gaben häufig Frauen ihren Beruf auf, arbeiteten in Teilzeit oder als Aushilfen, um Kinder und Haushalt zu versorgen. Wer eine Ehe vor vielen Jahren schloss, wusste nicht, dass sich die Gesetze rückwirkend ändern würden. Ohne Berufserfahrung und besonders im Alter „fifty-plus" ist es nicht so einfach, den Lebensstandard zu halten, der in der Familienkonstellation mit Doppelverdiensten und geteilten Lebenshaltungskosten und im Idealfall geteilten Aufgaben möglich war. Auf staatliche Hilfe angewiesene geschiedene Alleinerziehende mit Kindern in beengten Wohnverhältnissen und Pflicht zur Mobilität an Wochenenden (Austausch der Kinder) sind in der psychosomatischen Patientenklientel häufig vertreten.

Der Anteil männlicher Patienten in psychotherapeutischen Praxen und Kliniken ist in den letzten Jahren erheblich gestiegen.

- **Die gesellschaftlichen und beruflichen Veränderungen betreffen Männer genauso wie Frauen und Kinder, häufig mit anderem Schwerpunkt**

Die finanzielle Situation ist bei Männern meist besser abgesichert, trotz Unterhaltszahlungen. Das Aufgeben von gemeinsamen Häusern oder Wohnungen betrifft beide Partner, ebenso wie die erzwungene Mobilität, um den Kontakt zu den Kindern zu erhalten. Die Immobilie hält Paare sicherer zusammen als die Kinder, die man zur Mobilität (an den Wochenenden) zwingen kann, oder deren Bedürfnis das ist.

Beispiel
Frau Wagner (geb. 1970) kam mit der Diagnose einer schweren Depression in eine psychosomatische Klinik. Der Mann hatte sich von ihr getrennt, sie „rausgeschmissen". Da er im Grundbuch als Alleineigentümer stand, wollte er im Eigenheim bleiben. Die beiden Kinder im Alter von 14 und 16 Jahren blieben ebenfalls, da sie sich weder von ihren schönen Zimmern, noch von den benachbarten Freunden und dem Sportverein trennen wollten. Frau Wagner zog in „so eine typische Geschiedenen-zwei-Zimmer-Wohnung", hatte ihr Zuhause, ihr soziales Umfeld, ihre Lebensaufgabe verloren. „Es ist so, als hätte ich mit dem Haus meine Identität aufgegeben. Ich habe das Haus gestaltet, gepflegt und zu dem gemacht, was es ist. Ich habe mich mit dem Haus identifiziert."

In Therapien zeigt sich, dass Kinder Umzüge psychisch als „Zwangsdeportationen" erleben. Die Illusion, dass Kinder flexibel seien und sich leicht an anderen, fremden Orten eingewöhnen, ist oft ein Nützlichkeitsmythos, mit dem sich Eltern zu entlasten versuchen. Umzüge sind Umbrüche, die psychische Wunden schlagen können, die entweder vernarben oder später, bei neuen Veränderungen, wieder aufbrechen. Das führt diese Menschen dann, häufig mit Somatisierungsstörungen, in die Psychotherapie. Auch im Zeitalter der „nicht-mehr-nur-Hausfrau" ist doch oft die Frau diejenige, die sich mit der Atmosphäre des Hauses mehr identifiziert als der Mann. Sie ist eben doch noch Hausfrau im wörtlichen Sinne, verbringt durch Teilzeitarbeit und Kindererziehung mehr Zeit im Haus als der Mann. Sie putzt, dekoriert, organisiert Feste im Haus.

- **„Wenn dann das Haus wegfällt, fällt ein großer Teil der Identität weg"**

Natürlich kann man sagen, dass diese Lebensplanung ein persönliches Fehlverhalten von Frau Wagner war, doch auch sie ist ein Teil unserer Sozialgeschichte und hat ähnliches bei ihrer Mutter und Großmutter erlebt und wahrscheinlich als angenehm empfunden.

Beispiel
Frau Zenker (geb. 1960) hat Maschinenbau studiert, hat aber keinerlei Berufserfahrung. Sie wurde noch im Studium schwanger, der 10 Jahre ältere Mann baute sehr erfolgreich einen großen Handwerksbetrieb mit zwanzig Angestellten auf. Sie sorgte für das „Traumhaus", Haushalt und Kind, bekam noch zwei weitere Kinder. Wenn in der Firma „Not am Mann oder der Frau" war, sprang sie ein. Sie machte die Buchhaltung, kannte sich auch mit den technischen Geräten aus, hielt das Personal „bei Laune", dachte an Geburtstage der Angestellten und kaufte für sie die Weihnachtsgeschenke „im Auftrag des Chefs". Gesellschaftlich stellte die Familie in der Stadt etwas dar, galt als Vorzeigefamilie. Die Kinder waren gut in der Schule, hatten interessante Hobbies und die ganze Familie engagierte sich wohltätig. Der Ehemann hatte diverse Hobbies, die er zum Ausgleich brauchte, ebenso brauchte er außereheliche Beziehungen. Frau Zenker pflegte zunächst ihre eigene, dann auch die Schwiegermutter.

Die in der Jugend aufgetretene, dann aber kompensierte Magersucht brach wieder aus. Zunächst galt auch das als positiv. Im Gegensatz zu so mancher Freundin, schaffte es Frau Zenker, dem gängigen Schönheitsideal zu entsprechen. Sie suchte sich erst ärztliche Hilfe, als sie gravierende organische Schäden von Psychopharmaka und anderen Medikamenten hatte, die lebensbedrohlich wurden. „Ich kann an meinem Leben nichts ändern, sonst rutsche ich in die Armut und in eine sozial komplett andere Schicht. Wenn ich jetzt sterbe, ist mein Leben wenigstens für andere nicht den Bach runtergegangen. Hätte ich doch wenigstens Brustkrebs, dann würden mich die anderen bedauern. Wüssten meine Nachbarn, wie es mir wirklich geht, würden sie auch noch sagen: „selber schuld" und sich

3.5 · Männer und Frauen

freuen, dass bei uns doch nicht alles so toll ist." Frau Zenker identifiziert sich nicht nur mit dem Haus, sondern auch mit dem sozialen Umfeld des Hauses, der entsprechenden Wohngegend und sozialen Schicht. Im Inneren hat sie das Idealbild der Hausfrau, Ehefrau und Mutter von der eigenen Mutter übernommen. Zusätzlich lebte sie noch ungelebte und unerfüllte Wünsche der eigenen Mutter. Diese hatte es nie bis in die obere soziale Schicht geschafft. Die Rebellion gegen ihre Frauenrolle lebte Frau Zenker nur durch die Anorexie aus. Im Grunde wollte sie wieder Kind sein und die Frau in ihr rückgängig machen. Das derzeit gängige Schönheitsideal verstärkt die Anorexie noch. Auf diese Weise erhielt sie auch von dem Ehemann positive Rückmeldung, der ansonsten mit Lob zurückhaltend war. Auf keinen Fall wollte sie ihre eigene traurige, gekränkte und ängstliche Situation zeigen, was zu einem komplexen Medikamentenmissbrauch führte.

Mehrere Frauen haben in Interviews zum Thema Sesshaftigkeit deutlich gemacht, dass sie (auch oder vorwiegend) wegen des Hauses in einer schwierigen Beziehung bleiben. Die Identifizierung mit der Immobilie und dadurch oft auch mit der entsprechenden sozialen Schicht ist extrem groß. Männer sehen Häuser häufig weniger emotional, sondern eher als Geldanlage und Statusobjekt, mit nicht weniger Leidensdruck als Frauen.

Beispiel
Herr Zöllner (geb. 1958): „Das Haus zu verlieren, weil ich meine Frau im Falle einer Scheidung auszahlen müsste, sehe ich gar nicht ein. Dann steh ich doch wie ein „loser" vor meinen Freunden da. Und schließlich habe ich ja auch das Geld für das Haus zum Großteil verdient. Das bisschen Teilzeitarbeit und Haushalt, was meine Frau dazu getan hat, und das Kaffeetrinken mit Freundinnen beim Kinderhüten kann man ja wohl nicht mit meinem Job vergleichen." Herr Zöllner leidet unter Schlafstörungen, Albträumen, Panikattacken, einer massiven Überforderung am Arbeitsplatz und kommt bei einer akut eskalierenden Ehekrise vom Hausarzt überwiesen in die psychosomatische Sprechstunde.

Herr Zöllner versteckt unter diesen deftigen Worten seine große Angst „vor dem Nichts zu stehen". Genauso wie Frauen Kinder der Sozialgeschichte sind, sind es Männer auch. Herr Zöllner identifiziert sich zwar nicht so sehr mit der Atmosphäre des Hauses, wohl aber mit dem Gebäude als Zeichen, dass er etwas geschaffen hat.

> „Haus gebaut, Baum gepflanzt, Kind gezeugt" (Stauffer 2003)

war auch das Ideal seines Vaters. Doch im Gegensatz zu dem Sohn, hätte der Vater von Herrn Zöllner es als Schande gesehen, wenn seine Frau „hätte arbeiten müssen". Das wäre ihm gegen die Ehre als Mann gegangen. Um vor sich selber bestehen zu können, muss Herr Zöllner, die Worte seines Vaters im Ohr, die Leistung seiner Ehefrau klein reden. Wenn er ihre Leistung, auch die der unbezahlten Hausarbeit, wertschätzen würde, müsste er um vor sich selber Achtung zu haben, die Hälfte abgeben. Ohne den Verdienst seiner Ehefrau hätte die Familie zwar das Haus abbezahlen können, der Alltag wurde aber durch das Geld der Frau bestritten. Genauso wie die Frauen in den oben genannten Beispielen, nähme auch Herr Zöllner lieber eine unglückliche Beziehung in Kauf, als sich von dem Haus zu trennen.

Dieses Buch soll weder politisch noch feministisch sein. Dennoch spiegeln sich in Therapien die politische Situation wider und die sozialen Lebensumstände, unter denen wir gerade leben. Beide Geschlechter sind davon betroffen.

Die jetzt 50–60-jährigen, eine häufige Klientel unter den Patienten, finden sich nicht selten genau in der Lage ihrer Eltern wieder, die sie vermeiden wollten. Paare „können" sich nicht scheiden lassen, da „sie" nach der Gesetzesänderung 2008 keinen Unterhalt bekommt und „er" das Haus nicht verkaufen oder zur Auszahlung der Ehefrau neue Schulden aufnehmen möchte. Die berufliche Zukunft ist in Zeiten der Umstrukturierung und des Personalabbaus an vielen Stellen nicht sicher. Die Kinder sind noch in der Ausbildung und benötigen finanzielle Unterstützung. Man hält sich aus und wird depressiv oder somatisiert und nimmt, bestenfalls, psychotherapeutische Hilfe in Anspruch. Meist geschieht das erst, nachdem die organische Ebene der gesundheitlichen Probleme aufwendig und kostenintensiv abgeklärt wurde und eine medikamentöse Hilfe nicht ausreicht oder starke Nebenwirkungen verursacht.

Eine Immobilie verbindet Paare häufig fester als die Kinder, was auch Matthias Hirsch in seinem Buch beschreibt (Hirsch 2006).

Beispiel
Eine kreative aber selten mögliche Lösung fand ein Ehepaar, das eine gemeinsame Firma betreibt und sich ein eigenes Haus gekauft und liebevoll in Eigenarbeit umgebaut hatte. Bei der Trennung teilten sie das Haus „in zwei Hälften" und bauten es so um, dass jeder seinen eigenen Teil erhielt. Auch in der Firma teilten sie ihre Arbeitsbereiche auf. Keiner sollte und wollte auf Haus oder Arbeit in der Firma verzichten. Das Wort Trennung ist in diesem Fall wörtlich auf das Haus zu beziehen, man trennte die Bereiche. Das Paar blieb sich freundschaftlich weiter verbunden, ebenso wie bezüglich der Firma.

Je unschöner Trennungen verlaufen, desto häufiger wird auch die Hülle dieser Beziehung, die Wohnung, das Haus von beiden verlassen, besonders, wenn sie beiden gehörte.

Besonders in Gruppentherapien entsteht plötzlich ein Verständnis von Frauen für die männliche Sichtweise und umgekehrt, da ja nicht der eigene Mann oder die eigene Frau Stellung nimmt. In einer Paarbeziehung vertritt man natürlich die eigene Position, in der Gruppe, mit Abstand, kann man sich besser in die gegengeschlechtliche Sichtweise einfühlen.

Wenn sich in einer Gruppe dann auch noch Experten (Rechtsanwalt, Steuerberater, Sozialarbeiter) als Patienten befinden, wird der psychodynamische durch einen edukativen Teil ergänzt, wie in der Gruppe, an der einige der oben zitierten Patienten teilnahmen. Es wurde thematisiert, dass der „Gender-Pay-Gap", die Lohnlücke zwischen Männern und Frauen, in Deutschland mit fast 25 Prozent einer der größten in den OECD-Ländern ist, und dass durch das „Ehegattensplitting" gerade die Paare steuerliche Vorteile haben, wo einer, meist die Frau, deutlich weniger verdient. Solange das Paar zusammenbleibt, geht die Rechnung auf (Bylow und Vailant 2014).

Nehmen an einer Gruppe auch noch verschiedene Altersgruppen teil, verschiedene Generationen, entsteht auch für die Vor- und Nachteile der Generationenzugehörigkeit ein Verständnis, das häufig den eigenen Kindern und Eltern nicht entgegengebracht wurde.

Immer wieder ist auch die Wohnsituation im Alter Thema und deren Finanzierbarkeit. Oft bleiben Frauen in einer unglücklichen Ehe wegen der Witwenrente, als Lohn für Ausharren in schlechten Beziehungen etc.

Bislang zogen meist die Ehefrauen ihren Männern nach. Wird es künftig häufiger der Fall sein, dass Ehemänner ihren Frauen nachziehen? Ja, wenn nicht mehr die männliche Bevölkerung die besser ausgebildete Bevölkerungsgruppe ist, sondern die weibliche. Bis heute ist es allerdings so, dass Frauen häufiger ihre Arbeitsstellen nach denen der Männer ausrichten und nach der Kompatibilität von Familie und Beruf.

Ein Wechsel der Wohnsituation hat, reduziert man es auf wenige Begriffe, oft etwas mit Glück und Unglück zu tun. Verbessern Menschen sich wirtschaftlich, haben Partner und gründen eine Familie, brauchen oder möchten sie etwas Größeres, mehr Wohnraum, Schöneres. Bei wirtschaftlichen Katastrophen, Scheidung, Tod, muss oder soll es etwas Kleineres sein oder ein Verkauf steht an.

3.6 Moderne Nomaden

Durch die Veränderungen auf dem Arbeitsmarkt, kürzere Arbeitsverträge, geforderte Mobilität auch in sicheren Arbeitsverträgen, werden viele Menschen zum Nomadentum gezwungen. Möblierte kleine Wohnungen sind sehr begehrt. Die Familie bleibt oft am „Stammsitz", Partner behalten die Arbeitsstellen, Kinder die Schule und den Sportverein. Meist ist es der Hauptverdiener, der zum Nomaden wird. Anders als bei der eigentlichen Verwendung des Begriffes „Nomaden" sind diese modernen Nomaden aus ökonomischen Gründen im Alleingang unterwegs und nicht in der Gruppe.

Beispiel
So schilderte es auch Herr Nelles (geb. 1977) im Rahmen eines beruflichen Coachings: Mein Großvater musste durch Europa ziehen, um als Geigenbauer Arbeit zu finden und die Familie zu ernähren. Mein Vater kämpfte um das Überleben des Betriebes, um uns Kinder ernähren zu können und eine Ausbildung zu finanzieren. Er sparte das ganze Leben für ein eigenes Haus, das er sich selber vom Munde absparte, an uns Kindern sparte er nicht. In Eigenarbeit und bis zum körperlichen Ruin baute er dann im Alter und Ruhestand das Haus, das ich übernommen und renoviert habe. Und ich muss beruflich als promovierter Akademiker wieder durch die Gegend ziehen, sogar durch Europa und die Welt, um durch gute Stellen den Lebensstandard meiner Familie zu erhalten. Bei uns geht es nicht ums Verhungern, aber ums Image und um das Erbe meines Vaters. Und trotzdem komme ich mir vor wie in längst vergangenen Zeiten, in denen die Männer auf Arbeitssuche mit Kutschen und Pferden unterwegs waren. Ich bin derjenige, der am wenigsten Zeit in diesem Haus verbringt.

Die Freiwilligkeit des modernen Nomadentums ist relativ, der eine will aus unterschiedlichen Gründen, der andere muss. Fast immer ist die Angst vor dem Fremden mit im Gepäck und das Gefühl, nicht wirklich dazu zu gehören, weder am Heimatort, noch am Ort der Berufstätigkeit. Dieses Gefühl zu überwinden oder kreativ zu verarbeiten ist eine Kunst, die nicht jeder beherrscht.

- **Sie ziehen von Weideland zu Weideland**

Es gibt auch freiwillige moderne Nomaden, Männer und Frauen wählen diesen Weg. Einen „Stammsitz" haben sie, wenn überhaupt, nur in sehr minimalistischer Form irgendwo auf der Welt. Wie Nomaden, die von Weideland zu Weideland ziehen, bewegen sie sich durch verschiedene Kulturen und nehmen von ihnen etwas mit, aber, wie oben schon erwähnt, nicht in der Gruppe. Im Zeitalter der virtuellen Möglichkeiten, die Welt zu entdecken, mutet das reale Umherziehen fast schon nostalgisch an.

Weltübergreifend wächst die Gruppe der sogenannten Digitalnomaden an. So nennen sich Menschen, die sich von niemandem regieren lassen möchten, nicht von Arbeitszeiten oder von gesellschaftlichen Erwartungen. Was sie brauchen ist Netzzugang, Laptop und Aufträge, z. B. als Webdesigner für große Firmen. Gearbeitet wird irgendwo auf der Welt einzeln oder gemeinsam in sogenannten Coworking-Spaces, Treffpunkte für die digitalen Nomaden, an denen man sich Schreibtische mieten und sich austauschen kann. Man braucht also doch die Gruppe, um sich Aufträge gegenseitig zu verschaffen und um nicht einsam zu werden. Familienplanung, feste Bindung oder Karriere ist nicht das höchste Ziel dieser modernen Nomaden, sondern Selbstbestimmtheit und Freiheit. Reichtum an Erlebnissen ist wichtiger als Reichtum an Geld. Literatur zu diesem Thema gibt es mittlerweile in Hülle und Fülle und auch eine Digitale Nomaden Konferenz.

Bücher wie „The four hour week" von Timothy Ferriss (2015) und „The Future of Almost Everything" von Patrick Dixon (2015) beschreiben die Hoffnungen und die Probleme dieser wachsenden Szene von globalen Bürgern, die in vielen Fällen die Bindung an ein Land oder einen Ort verloren haben und manchmal damit auch ihre Identität.

> „Solang Du selber nicht in Dir zu Hause bist, bist Du nirgendwo zu Haus"

sagt eine alte Volksweisheit und das volkstümliche Lied von Peter Horton. Und wenn das Zuhause nicht in sich selber ist, dann doch wenigstens in den temporären eigenen vier Wänden. „Serviced Appartements" nennt sich das, was in vielen anderen Ländern, besonders in den USA, schon lange bekannt ist. Das sind gemütliche möblierte Wohnungen auf Zeit für einen, der zu lange bleibt, um im Hotel zu wohnen und zu kurz vor Ort ist, um sich wohnlich einzurichten. Denn die Erfolgsmenschen von heute haben überall auf der Welt dasselbe Problem: Sie kommen, bleiben aber nicht. Deshalb legen sie Wert auf ein wohnliches Interims-Zuhause.

Auch Kapitalanleger haben diesen Trend entdeckt und investieren in hochwertig möblierte Appartements, viele Agenturen sind mittlerweile auf diese Vermittlung weltweit spezialisiert.

3.7 Von Beruf Nomade

In manchen Berufsgruppen gehört ständige Mobilität zur Voraussetzung. Für Angehörige der diplomatischen Dienste sind die Zeiten der temporären Sesshaftigkeit auf üblicherweise drei Jahre begrenzt. Hier zieht die Familie mit.

Beispiel
Frau Kastner (geb. 1979) ist die Tochter eines Diplomaten und hat bis zur 10. Klasse auf einer deutschen Schule in Südamerika ihr deutsches Heimatland nur durch Besuche der Großeltern in den Ferien kennengelernt. Dafür kennt sie deutsche Schulen auf allen Kontinenten und spricht Englisch, Französisch und Spanisch fließend. Das diplomatische Leben und seine Regeln kennt sie bestens und hat immer „den Luxus und das Besonderssein" genossen. Als die Eltern sich trennten, nahm ihr Leben eine große Wende, mit Mutter und Geschwistern begann dann ein unspektakuläres, deutlich einfacheres Leben in einer deutschen Kleinstadt. „Alles was mich bisher ausgemacht hat, interessierte keine Sau!" Zunächst tröstete sich Frau Kastner damit, dass sie nun endlich mal „ankommen" würde und ihre Freundinnen nicht immer wieder verlassen müsste, doch sie fand nur sehr schwer Freundinnen in ihrem neuen Umfeld. Sie fühlte sich fremder als in allen Ländern, in denen sie bisher gelebt hatte. Auch die Mutter kam mit den neuen Lebensbedingungen schlecht zurecht und wurde alkoholkrank. Frau Kastner entwickelte eine Magersucht.

Im außereuropäischen Ausland wohnt man als Europäer häufig in sogenannten „compounds". Das sind abgeschlossene, bewachte Wohnanlagen mit europäischem Komfort. So manche deutsche Familie würde in Deutschland nicht auf diesem Niveau leben, wenn nicht die Firma, das Amt, die Behörde dies finanzieren würde. Kinder gehen auf private internationale Schulen und die Schulkameraden leben ähnlich. Zurück in Deutschland ändert sich die Wohnsituation oft gravierend und ebenso das Umfeld. In den Klassen von staatlichen Schulen mischen sich die Bevölkerungsgruppen und auch die Nationalitäten. Frau Kastner lernte erst in Deutschland Kinder aus den Ländern, in denen sie jahrelang gelebt hatte, so richtig kennen. Während der Auslandsaufenthalte war sie nur unter Kindern der gleichen Lebenssituation. Zwar galt sie in den deutschen Klassen als Exot und berichtete von fernen Ländern, die allgemeinen Regeln galten aber auch für sie. Kein Chauffeur brachte sie zur Tanzstunde, und die sozialen Kontakte waren deutlich weniger schillernd und extravagant. „Ich wusste teilweise überhaupt nicht mehr, wer oder was ich überhaupt bin. Ich hatte Angst vor allem und jedem, die Wohnung hatte keinen Wachmann mehr, meine Mutter kein Personal für Haushalt und Garten. Nicht im Ausland war ich „die Fremde", sondern in meiner sogenannten Heimat." Mit der Mutter und deren Frauenrolle, die in erster Linie mit dem Beruf des Vaters assoziiert war, konnte sich Frau Kastner auch nicht identifizieren. Die Mutter war ohne die Welt des Vaters zu einer abhängigen und unselbstständigen Frau geworden, die nichts Eigenes hatte. Durch die Magersucht protestierte Frau Kastner gegen die Frauenrolle. Der Vater bekam einige Jahre später bei seiner Rückkehr nach Deutschland gravierende Probleme und erkrankte an einer Depression. Auch er hatte seine Wurzeln verloren.

3.7 · Von Beruf Nomade

Auch bei der Bundeswehr müssen die Bediensteten Umzüge im In- und Ausland in Kauf nehmen. Je nach Dienststelle und Rang bleibt die Familie sesshaft und nur der Arbeitnehmer ist für Wochen und Monate unterwegs.

Beispiel
Herr Lutz (geb. 1955), Offizier bei der Bundeswehr, sucht psychotherapeutische Hilfe, da sein Privatleben ihm entglitten ist. Mehrere Ehen sind gescheitert, ein Sohn ist drogenabhängig, feste Freunde hat er keine, aber sein Handy klingelt unentwegt auch in den psychotherapeutischen Sitzungen, da er eine Flut von lockeren Sozialkontakten hat. Ungern macht er das Handy aus, meist stellt er nur den Ton ab, es vibriert und brummt dann in seiner Hosentasche. Er leidet unter verschiedenen körperlichen Beschwerden wie Herzrasen, Atemnot, gravierenden Schlafstörungen und Unruhe. Immer wieder betont er, dass es für ihn eine große Sicherheit darstellt „Beamter" zu sein, eine andere Sicherheit in seinem Beruf habe er nicht. Er wisse nie, wo und wann er wie lange als Berufssoldat eingesetzt sei, und was ihn da so erwarte. Aber zumindest habe er die Sicherheit bestimmter Vorzüge des Beamtentums und das könne ihm keiner nehmen. Wenigstens das sei berechenbar, wenn schon die Frauen, Kinder und die Freunde es nicht seien, auch nicht die Art und Weise seiner Einsätze und schon gar nicht die politische Situation.

Die Bundeswehr ist durch ihren Wandel von der Verteidigungsarmee zur Eingreifarmee noch mehr in ihrem Funktionieren auf die erzwungene Mobilität angewiesen. Alle militärischen Einsätze der letzten Jahre fanden im Ausland statt – Jugoslawien, Afghanistan, Sudan, Mali. Dies bedeutet hohe Belastungen für die sesshaft gebliebenen Familien und die entsendeten Angestellten. Immer neue Situationen mit immer neuen Gefahren und Risiken beherrschen den Berufsalltag. Bei Herrn Lutz ist die Sicherheit auf den Beamtenstatus geschrumpft. Wenigstens nach der Rente oder im Versorgungsfall kann er sich sicher und geborgen fühlen, von einer guten Mutter Bundeswehr und dem Vaterland versorgt. An kurzfristige Beziehungen hat er sich so gewöhnt, dass er bei Heimataufenthalten mit der Familie gar nichts mehr anfangen kann. „Ich weiß gar nicht, was die von mir wollen. Meine Frau und die Kinder sind immer unzufrieden. Egal was ich mache oder sage, es ist immer nicht richtig."

Auch als Gemeindepfarrer der protestantischen Landeskirche ist es üblich, nach fünf Jahren die Stelle zu wechseln. Die Familie zieht mit, da in dieser Berufsgruppe auch das „Pfarrhaus" mit zum Beruf gehört. Das „offene Haus" ist Anlaufstelle für die Nöte und Sorgen der Gemeindemitglieder und nicht nur zu bestimmten Öffnungszeiten.

Beispiel
Eine Pfarrerstochter beschreibt ihre Kindheit als „Pfarrerskind" ebenfalls als „öffentlich". Sie hätte sich immer ein „Privathaus" für sich, ihre Eltern und Geschwister gewünscht. Ratsuchende durfte man nicht abweisen, Bibelstunden wurden abends im Wohnzimmer von der Mutter abgehalten, welches dann von den Kindern nicht betreten werden durfte, da stand auch der einzige Fernseher der Familie. Wenn Freundschaften zu anderen Kindern geknüpft waren, wurde der Vater versetzt. Wenn in anderen Familien an Wochenenden „Familienzeit" angesagt war, oder auch an Weihnachten, Ostern, Feiertagen, waren der Vater oder beide Eltern im Dienst. Auch wurden die Kinder stets zu besonders guten Manieren angehalten, was „das Pfarrerskind" so machte, war von allgemeinem Interesse. Sie spielte stundenlang mit ihrem Puppenhaus, in dem sie „Herr im Haus" war.

Es gibt noch viele weitere Berufsgruppen, bei denen Mobilität zum Alltag gehört. Entweder die Familien ziehen mit, oder der (meist) Hauptverdiener ist für viele Wochen des Jahres nicht anwesend. In der Europäischen Union arbeiten zwei Millionen Fernfahrer, die zum Teil nur einmal im Monat für einige Tage nach Hause kommen.

Zusammenfassung

Dieses Kapitel thematisierte anhand von mehreren Fallbeispielen Probleme der Mobilität und Sesshaftigkeit, die zu einem großen Prozentsatz durch soziale, gesellschaftliche und berufliche Aspekte mitbestimmt sind, zusätzlich zu den individuellen und intrapsychischen. Die Möglichkeiten der Betroffenen, etwas an ihrer Situation zu ändern, sind oft noch eingeschränkter oder schwerwiegender, als bei den Fallbeispielen aus ▶ Kap. 2. Andererseits wurde aber auch auf den Wandel in der Gesellschaft hingewiesen und an Beispielen aufgezeigt, wie sich Menschen aktiv von Rollen und Normen verabschieden und andere, neue, teils fremd anmutende Wege aus eigenem Willen gehen.

Literatur

Arbeitskreis OPD (Hrsg) (2014) Operationalisierte Psychodynamische Diagnostik. Grundlagen und Manual. Huber, München

Balint M (2017) Angstlust und Regression. Klett-Cotta, Stuttgart

Bylow C, Vaillant K (2014) Die verratene Generation. Was wir den Frauen in der Lebensmitte zumuten. Pattloch, München

Chatwin B (2013) Traumpfade, 16. Aufl. Fischer, Frankfurt am Main

Dixon P (2015) The future of (almost) everything. The global changes will affect every business and all of our lives. Profile Books, London

Ferriss T (2015) Die 4-Stunden-Woche – Mehr Zeit, mehr Geld, mehr Leben. Ullstein, Berlin

Freud S (1930) Das Unbehagen in der Kultur. In: GW, Bd 14. Fischer, Frankfurt am Main, S 421–508

Harari YN (2018) Eine kurze Geschichte der Menschheit, 30. Aufl. Pantheon, München

Hirsch M (2006) Das Haus, Symbol für Leben und Tod, Freiheit und Abhängigkeit. Psychosozial-Verlag, Gießen

Peukert R (2004) Commuter-Ehen und -Beziehungen – Ein neuer Lebensstil zur Lösung der strukturellen Anspannungen am Arbeitsmarkt. In: Peukert R (Hrsg) Familienformen im sozialen Wandel. Springer, Wiesbaden, S 298–310

Phillips A (2014) Becoming Freud – the making of a psychoanalyst. Yale University Press, New Haven/London

Riemann F (2017) Grundformen der Angst – Eine tiefenpsychologische Studie, 43. Aufl. Ernst Reinhardt, München Basel

Stauffer M (2003) Haus gebaut, Kind gezeugt, Baum gepflanzt. Engeler, Schupfart

Wertewandel in der Gesellschaft – das Generationenthema

4.1 Übersicht der Generationen – 34

4.2 Traditionalisten (1922–1955) – 34

4.3 Baby-Boomer (1956–1965) – 36

4.4 Generation X (Douglas Coupland) (1966–1980); Generation Golf (Florian Illies) – 38

4.5 Generation Y (Millennials) (1981–1995) – 38

4.6 Generation Z (ab 1996) – 40

4.7 Generationenthemen und der therapeutische Prozess – 41

Literatur – 42

© Springer-Verlag GmbH Deutschland, ein Teil von Springer Nature 2019
B. Vill, *Vom Preis der Sesshaftigkeit*, Psychotherapie: Praxis,
https://doi.org/10.1007/978-3-662-58943-4_4

Sesshaftigkeit und Mobilität ist nicht nur ein individuelles und gesellschaftliches, sondern auch ein transgenerationelles Thema. Ob unsere Eltern oder Großeltern eine Biographie mit Flüchtlingshintergrund hatten oder ob ein Familienbetrieb seit vielen Jahrzehnten besteht, lässt uns nicht unbeeinflusst. Es lässt uns nicht räumlich, aber auch nicht innerlich unbeeinflusst. Die Flexibilität zu Neubeginn und zum „anders leben" hat ebenfalls eine Geschichte in den Familien und ist nicht unabhängig von der Generation, zu der man gehört. Dieses Kapitel setzt den Schwerpunkt auf die Generationenzugehörigkeit einer Person. Es soll den Blick schärfen für die Einflüsse und Prägungen der Zeit, in der man aufgewachsen ist.

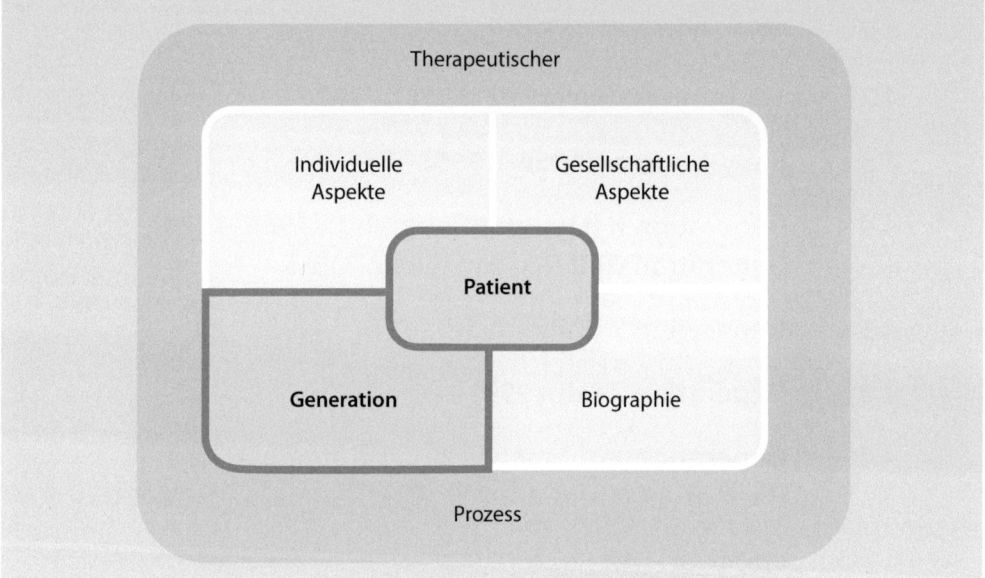

4.1 Übersicht der Generationen

Der Wertewandel in der Gesellschaft, vor allem nach dem zweiten Weltkrieg, spiegelt sich in Psychotherapien wider, auch was das Thema Mobilität und Sesshaftigkeit betrifft.

Im Folgenden sollen beispielhaft an einigen Gemeinsamkeiten die Einteilungen der Generationen in fünf Gruppen vorgestellt werden (◘ Tab. 4.1).

Viele Autoren nahmen Stellung zu diesem Thema und schrieben Bücher darüber (z. B. Illies 2002; Coupland 1991; Alberti 2013), Personaldienstleister nehmen Stellung zu den Generationen auf dem Arbeitsmarkt (Half 2019). In der unten angefügten Tabelle sind Kriterien daraus zusammengestellt, die für das Verständnis von Patienten und Klienten im psychotherapeutischen Prozess wichtig sind, besonders auf das Thema Sesshaftigkeit und Mobilität bezogen.

Diese Tabelle hat keinen Anspruch auf Vollständigkeit, sondern ist in Bezug auf den Inhalt dieses Buches zusammengestellt.

Unter „Generation Mitte" sind die drei Generationen zusammengefasst, die anzahlmäßig und rein pekuniär die Haupt-Leistungsträger der Gesellschaft sind. Dies trifft natürlich auch anteilig für Menschen der Generation „Traditionalisten" und „Generation Z" zu.

4.2 Traditionalisten (1922–1955)

Die jetzt Mitte 60-jährigen und älteren gehören den sogenannten Traditionalisten an.

4.2 · Traditionalisten (1922–1955)

Tab. 4.1 Die Generationen im Überblick

	Traditionalisten	Babyboomer	Generation X (Douglas Coupland) Generation Golf (Florian Illies)	Generation Y „Millennials"	Generation Z „Youtube"
	1922–1955	1956–1965	1966–1980	1981–1995	ab 1996
Generationserlebnis	II. Weltkrieg	Nachkriegsgeneration	Scheidungsrate steigt; Arbeitslosigkeit	Internet-Boom „Digital Natives"	Digitalisierung
	klare Geschlechterrollen	Wirtschaftswunder, Auslandsreisen	Wirtschaftskrise	Globalisierung	Überfluss/Unsichere Zukunft
Kommunikationsmedium	Brief, persönliches Gespräch	Telefon	E-Mail, Mobiltelefon	Web	Smartphone
Charakteristisch	Wiederaufbau, Eigenleistung	erfolgreich, liberal, „Generation Evergreen"	vorankommen, selbstständig, gut ausgebildet	Bildungsniveau steigt	ausprobieren/oft ratlos, der Wohlstand der Eltern ist nicht erreichbar
			„Generation Mitte" – 30–60 Jahre – „Leistungsträger"		
Stellenwert von Arbeit	Lebensunterhalt, Existenzsicherung	„Workaholic"	„Work-Life-Balance"	„Work-Life-Blending", Home-Office	Differenzierung Arbeit – Privatleben
Werte	Disziplin, Respekt vor Autorität	Idealismus, Kreativität, Gesundheit	Individualismus	Selbstverwirklichung	freie Entfaltung
Motivation	Kinder sollen es besser haben	Karriere, Wertschätzung, „Gebraucht werden", Team, wollen entschleunigen	Arbeit ist Mittel zum Zweck, Materielle Absicherung	Arbeit muss Spaß machen, Sinn und Abwechslung bieten; Führungsposition ist nicht wichtig	Struktur; Selbstverwirklichung auch in der Freizeit
Stellenwert von Immobilie	sehr hoch	sehr hoch	hoch	mittel	klein
Druck beruflicher Mobilität	nicht räumlich, aber inhaltlich	gering	größer	groß	sehr groß

Das gemeinsame Generationenerlebnis ist, dass sie die Schrecken des 2. Weltkriegs und/oder die unmittelbaren Folgen miterlebt haben. Hunger und wirtschaftliche Not, sowie Verlust von nahen Angehörigen und teilweise traumatische Erlebnisse der Eltern prägen diese Generation. Viele Familien haben ihr Zuhause verlassen müssen und lebten nach dem Krieg nicht mehr am ursprünglichen Wohnort, oft war das Haus zerstört. Viele erlebten Flucht und Migration, oder das Thema war in den Erzählungen der Familie präsent. Die Rollenverteilung unter den Geschlechtern war (bis 1968) klar umrissen. Das Kommunikationsmedium war hauptsächlich der Brief oder persönliche Gespräche. Auf vielen Dachböden befinden sich immer noch die Feldpostbriefe der Väter. Charakteristisch für diese Generation ist der Wiederaufbau von allen Bereichen des Lebens und die Einstellung, selber anpacken zu müssen. Arbeit, bezahlt in Geld oder Naturalien, bedeutete Existenzsicherung und Lebensunterhalt. So manche heute noch existierende Firma hat ihre Wurzeln aus dieser Zeit und verdankt das dem Einsatz des Firmengründers, der eventuell sogar noch aktiv ist. Werte waren vor allem Disziplin und Respekt vor Autoritäten. Auch das Schulsystem war so gestaltet. Die Kinder sollten es mal besser haben, dies wurde auch deutlich als Auftrag kommuniziert. Eine eigene Immobilie zu besitzen war und ist ein hohes Ziel dieser Generation, gerade weil oft das Zuhause zerstört wurde. Durch Fleiß und Durchhaltevermögen ist diese Generation, auch heute noch, unter den Hausbesitzern überproportional vertreten. Der Druck beruflicher Mobilität war aufgrund der verkehrstechnischen Möglichkeiten gering, eher ging man Kompromisse bei der Wahl der Arbeit ein. In der Nachkriegszeit nahm man auch Arbeit unter seinem Ausbildungsstand an, Hauptsache, man hatte ein sicheres Beschäftigungsverhältnis.

Beispiel

Frau Baumann (geb. 1950) (▶ Abschn. 2.2) gab ihren Beruf bei Eheschließung auf, um in den elterlichen Betrieb des Mannes mit einzusteigen. Weder für sie, noch für die Schwiegereltern oder ihre Eltern kam eine andere Entscheidung in Betracht. Ein traditionell eingeführtes Unternehmen muss weitergeführt werden, gerade wenn das mit Immobilienbesitz verbunden ist. So wie sie, haben auch ihre Freundinnen zwar häufig eigene Berufe erlernt, jedoch diente das der Absicherung von Katastrophen, z. B. vorzeitiger Tod des Ehemannes. Wie Frau Baumann arbeiten auch einige ihrer Freundinnen (ungelernt und oft unbezahlt, ohne Rentenabsicherung) in den Betrieben, Firmen, Arztpraxen der Ehemänner. Die Berufsausbildung war nicht zur Selbstverwirklichung oder zu Karrierezwecken gedacht. Die Schwiegermutter gilt als Autorität, der man sich unterordnen muss.

Viele Erfolgsgeschichten von mittelständischen Betrieben konnten nur dadurch geschrieben werden, dass ein komplettes Familiensystem zu gemeinsamer Arbeit bereit war. Hätte jedes Familienmitglied einen angemessenen Lohn mit Rentenansprüchen erhalten, Überstunden vergütet bekommen, Urlaubsansprüche geltend gemacht und Krankheitstage nehmen können, dann wäre buchstäblich die Rechnung nicht aufgegangen. Scheidung war vorwiegend aus finanziellen Gründen ein seltenes Thema und die Übernahme des Betriebes wurde häufig von einem der Kinder erwartet.

4.3 Baby-Boomer (1956–1965)

Die jetzt Mitte 50 bis Mitte 60-jährigen gehören der sogenannten Babyboomer Generation an.

Das gemeinsame Generationenerlebnis ist, dass ihre Eltern den Krieg erlebt haben und sie in Wirtschaftswunderzeiten geboren wurden. Es ging bergauf, alles wurde immer besser. Der Wiederaufbau prägte ihr Leben. Verglichen mit heute lebte man in bescheidenen und beengten Verhältnissen und freute sich über alles, was neu und aufregend war. Urlaube mit der Familie ins europäische Ausland (vorwiegend Österreich,

4.3 · Baby-Boomer (1956–1965)

Italien, Spanien) wurden finanziell möglich, wenn auch aus heutiger Sicht unter bescheidenen Bedingungen. Wer konnte, leistete sich ein kleines Auto (vorwiegend den VW Käfer). Zunehmend machten auch Frauen den Führerschein und wurden mobiler und unabhängiger. Die Umwälzungen der 68er-Jahre eröffneten neue Möglichkeiten im Laufe des Erwachsenwerdens. Das Kommunikationsmedium Telefon war keinesfalls selbstverständlich, oft teilte man sich das mit Nachbarn: Anschluss und Gespräche waren teuer und wurden so kurz wie möglich gehalten. Diese Generation demonstrierte u. a. für Datenschutz, ihre Kinder und Enkel stellen ohne Probleme persönliche Daten in soziale Netzwerke. Charakteristisch für diese Generation ist, dass sie als erfolgreich und liberal gilt. Die „Generation Evergreen" zieht sich noch heute modisch an und gestaltet die Zeit nach der Pensionierung/Berentung aktiv. Frauen gehen häufig einer bezahlten Arbeit nach, auch wenn der Ehemann gut verdient. Nach einer Scheidung oder Trennung lebt man mit dem neuen Partner nicht mehr unbedingt in einer Wohnung zusammen oder heiratet erneut, sondern man lebt in getrennten Wohnungen und teilt die Freizeit (englisch: „lat."= living apart together). Der Stellenwert von Arbeit war und ist in dieser Generation hoch. Der Begriff „workaholic" wurde in dieser Generation geprägt. Mann und Frau wollten Karriere machen, aber auch gebraucht werden und Wertschätzung erhalten. Teamarbeit gilt, privat und beruflich, als wertvoll. Mittlerweile will diese Generation entschleunigen, das Leben außerhalb der Berufswelt genießen. Das eigene Auto hat immer noch hohen Stellenwert und bedeutet Mobilität. Werte dieser Generation sind Kreativität, Idealismus, aber auch Gesundheit. Der Stellenwert einer eigenen Immobilie ist für diese Generation sehr hoch. Die Eltern haben im Krieg häufig die Heimat oder das Haus, die Wohnung verloren und die Kindheit dieser Generation wurde durch den Wunsch nach Wiederaufbau, auch eines neuen Zuhauses, geprägt. Der Druck beruflicher Mobilität war bei Berufsbeginn gering. Globalisierung und Digitalisierung kamen oder kommen erst in den letzten Berufsjahren in den Arbeitsalltag, was durchaus ein Problem darstellt. Wer in einer Firma sein Arbeitsleben begann, konnte früher damit rechnen, auch dort bis zur Rente zu bleiben. Die Babyboomer verstehen häufig im Jahr 2019 die Welt nicht mehr. Firmen werden verkauft, umstrukturiert, Bereiche „outgesourct". Erfahrung gilt weniger als geringe Personalkosten. „Das macht man doch nicht" gilt nicht mehr.

Beispiel
Herr Schneider (geb. 1960) kommt mit den Symptomen einer schweren depressiven Episode in die Praxis. Er hatte in den letzten 10 Jahren eine Führungsposition in einer großen deutschen Firma, man war mit seiner Arbeit immer sehr zufrieden. Er hat sich hochgearbeitet. Nun kam ein neuer Chef und alles wurde anders. Er hätte in eine andere, 300 km entfernte Stadt in eine Zweigstelle gehen können. Dort hätte ihn eine völlig neue Aufgabe erwartet, mit der er keinerlei Erfahrung hatte. Das Eigenheim ist noch nicht schuldenfrei, die Kinder gehen in weiterführende Schulen, die alten Eltern müssen am Wohnort betreut werden, die Ehefrau ist zufrieden mit ihrem Job, ebenfalls am Wohnort. Er wollte daher bleiben, aber alle Aufgaben am Arbeitsplatz und Zugänge im Intranet wurden ihm entzogen. Ein junger Mitarbeiter, den er vor Jahren eingearbeitet hatte, wurde nun sein direkter Vorgesetzter. Herr Schneider hat keine Arbeit, muss am Arbeitsplatz aber 40 Stunden anwesend sein. Seine Kollegen meiden ihn, da sie nicht wissen, wie sie mit ihm umgehen sollen. „Ich sehe aber das Mitleid in ihren Augen, als hätte ich ein Schild „Opfer" auf der Stirn."

Das Schicksal von Herrn Schneider ist kein Einzelfall: quasi über Nacht ändert sich alles und alle bisherigen Werte „gehen den Bach runter". Bisher gute Arbeit ist plötzlich nichts mehr wert, bisher gute Beziehungen brechen ab. Selbstwertprobleme, Angst, Hoffnungslosigkeit, Ohnmacht etc. treten auf. Viele Patienten suchen die Schuld bei sich, sind aber Opfer eines Prozesses, auf den sie keinen Einfluss haben: Ohnmacht versus Selbstwirksamkeit.

In der Psychotherapie spielen die Begriffe Ohnmacht und Selbstwirksamkeit eine große Rolle. Ohnmacht ist ein destabilisierender, Selbstwirksamkeit ein stabilisierender Faktor. Führungskräfte, die nicht mehr gebraucht werden wegen Umstrukturierung, oder nicht mehr gewollt werden wegen zu hoher Kosten, sind daran nicht selbst schuld. Es geschieht etwas mit Ihnen, worauf sie keinen Einfluss haben, aber sie müssen die Folgen tragen und mit ihnen die Familien.

4.4 Generation X (Douglas Coupland) (1966–1980); Generation Golf (Florian Illies)

Den jetzt 40- bis Mitte 50-jährigen wurde von Douglas Coupland (1991) der Name Generation X gegeben, von Florian Illies (2002) wurden sie im deutschsprachigen Bereich Generation Golf (nach dem beliebten Fahrzeug von VW) genannt.

Diese Generation wuchs nicht mehr unbedingt in festen Familienstrukturen auf, die Scheidungsrate stieg. Wenn Eltern in Wohngemeinschaften wohnten und die Ideale der 68er Bewegung vertraten, wurden die Kinder von Eltern und Wohngemeinschaftsmitgliedern gleichermaßen erzogen, evtl. antiautoritär. Das Wirtschaftswunder wurde durch die Wirtschaftskrise abgelöst. Nicht mehr alles wurde immer besser, Arbeitslosigkeit wurde Thema. Die Kommunikationsmöglichkeiten stiegen durch E-Mail und Mobiltelefone. Gegenüber der Elterngeneration ist diese Generation sehr gut ausgebildet, will selbstständig, frei sein und vorankommen im Leben. Das Thema Gleichberechtigung von Frau und Mann rückt noch mehr in den Fokus. Arbeit dient als Mittel zum Zweck, materielle Absicherung ist dieser Generation wichtig, besonders den Frauen. Als Wert löst Individualismus den Idealismus ab, der Begriff: „Work-Life-Balance" wird geprägt. Der Stellenwert einer Immobilie ist hoch, der Druck der beruflichen Mobilität gegenüber der Elterngeneration aber gestiegen.

Beispiel
Herr Nelles (geb. 1977) (▶ Abschn. 3.6) vermisst eine „Work-Life-Balance". Ihm ist sein Haus am Wohnort der Familie wichtig. Der Druck beruflicher Mobilität, gerade bei seiner Spezialisierung, ist aber hoch. Arbeit bedeutet materielle Absicherung und seine gute Ausbildung, für die der Vater alles getan hat, verpflichtet ihn zu einer entsprechenden Position, auch wenn sie im Ausland ist. Er fühlt sich zwischen seinen eigenen Wünschen der Lebensführung, seinen Schuldgefühlen bei deren eventueller Umsetzung und den Erwartungen seines Umfeldes zerrieben. In seiner Familie hat kaum einer studiert und außer ihm keiner promoviert. Die Familie ist stolz auf ihn und könnte es nicht verstehen, wenn er eine Stelle unter seinem Ausbildungsniveau und mit geringerer Bezahlung in Wohnortnähe annehmen würde. Er aber möchte das genießen, was er mit seinem Geld finanziert.

War es nach dem 2. Weltkrieg eine finanzielle Überlebensnotwendigkeit dort zu arbeiten, wo man (auch bei anderweitiger Ausbildung) die Ernährung der Familie gewährleisten konnte, ist es für die Generation der jetzt Erwerbstätigen häufig eine Frage, den Lebensstandard und das Selbstwertgefühl zu halten. Arbeitsverträge werden befristet, billigere Mitarbeiter, auch aus dem oder im Ausland, werden bevorzugt. Je spezialisierter die Ausbildung ist, umso weniger Firmen kommen als Arbeitgeber in Frage, deren Standorte liegen häufig nicht in Wohnortnähe. Herr Nelles möchte sein Haus nicht aufgeben, in dem er und seine Familie wohnt. Seine Familie ist im Ort sozial engagiert, es finden viele Feste und Veranstaltungen statt, er ist aus beruflichen Gründen oft nicht mit dabei.

4.5 Generation Y (Millennials) (1981–1995)

Die Generation Y, oder auch Millennials genannt, jetzt Mitte 20 bis Ende 30, hat den Internet-Boom miterlebt, wird auch „Digital Natives" genannt.

4.5 · Generation Y (Millennials) (1981–1995)

Das gemeinsame Generationenerlebnis ist die Globalisierung. Das Kommunikationsmedium Internet gehört zum privaten und beruflichen Alltag. Das Bildungsniveau ist gegenüber den vorherigen Generationen nochmals gestiegen. In den Schulen wurden Auslandsjahre angeboten, Schüleraustausch mit Partnerstädten war üblich. Vielleicht arbeitet man in sogenannten „coworking spaces" und hat nicht mehr ein eigenes Büro wie die Eltern, kein Familienfoto auf dem Schreibtisch und keine Büropflanze auf dem Fensterbrett des Büros. „Serviced Apartments" sind sehr begehrt, auf hohem Niveau voll ausgestattete kleine Wohnungen, in die man nur mit einem Koffer einziehen kann und keine Umzugskosten hat. Vielleicht arbeitet man aber auch zuhause im Homeoffice, der Begriff „Work-Life-Blending" wird für diese Generation geprägt. Ständige Erreichbarkeit für berufliche Zwecke mischen sich mit der Möglichkeit, in der Arbeitszeit persönliche Dinge zu erledigen. Im Urlaub macht man dann „digital detox" und schaltet das Mobiltelefon ab. Selbstverwirklichung ist ein hoher Wert. Führungspositionen sind für viele dieser Generation nicht mehr wichtig, Arbeit soll Spaß machen, Sinn und Abwechslung bieten. Der Stellenwert einer Immobilie ist zur Vorgeneration weiter gesunken, Bauplätze in der Nähe von Städten oder Mietpreise für Wohnungen in der Stadt liegen nicht im Verhältnis zum Einkommen oder sind durch kurze Arbeitsverträge nicht abgesichert. Der Druck beruflicher Mobilität ist weiter gestiegen, sich auf einen Ort festzulegen ist ein Wagnis. Eine Familie mit Kindern zu gründen bedeutet, sich auf Verpflichtungen einzulassen, die man nicht eingehen möchte oder nicht absehen kann.

David Goodhard beschreibt in „The Road to Somewhere" (2017) zwei Tendenzen, die sich für mehrere Generationen, besonders aber die Generation Y herauskristallisieren. Die „Anywheres" lassen Nostalgie und Tradition weitgehend außer Acht und fühlen sich überall zu Hause, die „Somewheres" bevorzugen „eigentlich" doch das gemütliche Zuhause, passen sich aber dem Druck der Gesellschaft an. Die „Glocalisten" schaffen es, sich aus beiden Polen individuell das richtige auszusuchen.

Beispiel
Frau Mayer (geb. 1983) ist gelernte Bürokauffrau und hat sich in ihrer Firma zu einer Führungskraft hochgearbeitet. Im Internet ist sie zu Hause und sie liebt die internationale Zusammenarbeit am Arbeitsplatz. Aus ihrem Jahrgang hatte sie die beste Abschlussnote in der Schule und bei der Ausbildung. Eine Partnerschaft ist gerade zu Ende gegangen, sie hat keine Kinder. Ihre Eltern und ihr Bruder betreiben in einer Kleinstadt einen Familienbetrieb, die Familie steht fast jeden Tag mit Ständen auf diversen Wochenmärkten und fährt zu Messen. Die Eltern mussten mit dem Familienbetrieb Insolvenz anmelden, der Bruder übernahm. Dieser wurde aufgrund delinquenten Verhaltens inhaftiert und das Geschäft musste erneut geschlossen werden. Der Erhalt des hoch verschuldeten Hauses und der Firma war in Gefahr. In dem Haus lebten außer Eltern und Bruder auch die mit den Eltern zerstrittenen Großeltern. Frau Mayer wurde mit der Forderung der Familie konfrontiert, ihre Arbeit aufzugeben, von der Großstadt wieder nach Hause zu ziehen, den Betrieb zu übernehmen und das „Haus zu retten", was sie auch tat.

Als Jugendliche hatte sie einen schweren Verkehrsunfall mit Polytrauma, den sie ohne bleibende Schäden überlebte. Kurz nach Übernahme des elterlichen Betriebes verletzte sie sich den Arm beim Abladen der Ware auf einer Messe und wurde zur chronischen Schmerzpatientin. Eine Arbeit im Familienbetrieb war nur noch sehr eingeschränkt möglich.

Frau Mayer kommt aufgrund der chronischen Schmerzstörung in ein multimodales tagesklinisches Programm. Sie versteht den Zusammenhang zwischen Schmerz, Stress und Beziehung und nimmt das Angebot eines Familiengespräches an, Bruder und Eltern kommen. Es wird deutlich, dass Frau Mayer völlig gegen ihre eigenen Bedürfnisse aus Pflichtgefühl gehandelt und dem Wunsch der Familie entsprochen hat. Die Chronifizierung der

Schmerzsymptomatik war kein bewusster Prozess. Das Symptom hatte allerdings die Funktion, dass auch die Familie merkt, dass sie mit der Situation überlastet ist. Aus medizinischer Sicht ist interessant, dass die gravierenden organischen Läsionen nach dem Autounfall keine bleibenden Schmerzen nach sich zogen. Zu dieser Zeit ging es Frau Mayer psychisch „sehr gut". Ihre persönlichen Ziele entsprechen denen ihrer Generation, sie möchte Arbeit und Privatleben verbinden, Sinn und Abwechslung sehen, möchte aber keine Führungsposition in einem selbstständigen Unternehmen übernehmen. Die Immobilie auf einem Dorf bedeutet ihr nicht viel, dort hat sie kein Sozialleben, das ihr wichtig wäre. Sie erfüllt die Kriterien einer chronischen Schmerzstörung mit somatischen und psychischen Faktoren, ihre innerpsychischen und aktuellen Konflikte haben eine wichtige Rolle bei der Aufrechterhaltung der Symptomatik.

Die Generationen Baby-Boomer, X und Y gehören zu den Haupt-Leistungsträgern der heutigen Gesellschaft. Sie verdienen das Geld für die Eltern- und Kindergeneration. Pflegeheime und Studienplätze werden bezahlt.

4.6 Generation Z (ab 1996)

Die Generation Z, die bis Anfang 20-jährigen, ist in der Digitalisierung voll angekommen, kommuniziert über Smartphone und wächst im Überfluss, aber auch in beruflicher und politischer, manchmal auch privater Unsicherheit auf.

Diese Generation weiß, dass sie den Wohlstand der Eltern nicht erreichen wird und wirkt ratloser als die Eltern im gleichen Alter. Vieles wird ausprobiert, Entscheidungen fallen schwer, vor allem was die berufliche Zukunft angeht. Die Eltern können aufgrund ihres relativen Wohlstandes die längere Findungszeit bezahlen und machen das auch häufig. Durch den geringeren wirtschaftlichen Druck, bald selbstständig sein zu müssen, wird die Entscheidung aber gern hinausgezögert. Arbeit soll für diese Generation vom Privatleben eindeutig getrennt werden können, freie Entfaltung, Selbstverwirklichung auch in der Freizeit und Struktur haben einen hohen Stellenwert. Selbstständigkeit mit einem beruflichen Unternehmen bietet keinen Reiz. Der Stellenwert einer eigenen Immobilie ist gering. Diese Generation wird auch „Bumerang-Generation" genannt, man zieht bei Bedarf (Trennungen, Ende eines Arbeitsvertrages) auch wieder zu den Eltern zurück, was z. B. für viele Babyboomer nicht denkbar gewesen wäre. Häufig weiß man erst etwas zu schätzen, wenn, man es nicht mehr oder noch nicht hatte. Dieser Generation wird oft vorgeworfen, dass das ihr Problem sei, es ginge ihr „zu gut". Aber so einfach hat es die Generation Z doch nicht. Der Druck beruflicher Mobilität ist bei ihnen sehr groß, in dieser Hinsicht hatten es die vorherigen Generationen leichter. Auch ist es nicht sicher, dass trotz extrem hoher Ausbildung eine entsprechend bezahlte Anstellung mit einem sicheren Arbeitsvertrag entlohnt wird. Von dieser Generation geprägte Begriffe sind „yolo": „you only live once" und „fire": „financially independent, retire early". Damit ist gemeint, man möchte das Leben genießen, lieber mit weniger auskommen, dafür aber nicht so „ackern" wie die Eltern.

In den 80ern verbanden die Menschen mit dem Wort Heimat bei Befragungen den Wohnort, die Familie, das Land. Eine Werbung 2018 lautet: „Heimat ist, wo ich drei Balken habe", was die Qualität des Mobilfunkempfangs bedeutet. Werbung richtet sich immer nach den Ansichten und Bedürfnissen der Zielgruppe.

Beispiel

Frau Mittermayer (geb. 1997) hat nach dem Abitur diverse Praktika absolviert und diverse Studiengänge begonnen und abgebrochen. Bisher hat sie bei dem Vater und seiner neuen Familie gelebt, nun ist sie zur Mutter mit ihrem neuen Mann und den jüngeren Halbschwestern gezogen. Die Eltern trennten sich, als sie zwei Jahre alt war. Sie leidet unter therapieresistenten Rückenschmerzen ohne organischem Korrelat und Antriebsmangel, Traurigkeit, Schlaflosigkeit, Zukunftsangst. Auch ihre teuren Hobbies kann sie nicht mehr genießen, ebenso nicht die teuren Urlaube, zu denen sie beide Eltern mitnehmen. Sie hat ein eigenes Auto, weiß aber nicht, wohin sie damit fahren soll. Zu den Freunden hat sie den Anschluss verloren, sie meidet den Kontakt, da sie „keine Erfolgsgeschichten" zu erzählen hat. Sie sieht beide Eltern ständig arbeiten, der Lebensstandard auf höchstem Niveau muss erarbeitet werden. So will sie mal nicht leben, sie möchte weder eine Führungsposition wie die Mutter, noch einen eigenen Betrieb wie der Vater haben. So aufwändige Immobilien wie beide Elternteile strebt sie ebenfalls nicht an. Sie sucht eine Arbeit, die ihr Spaß macht. Eine Ausbildung kommt aber nicht in Frage, damit verdient man zu wenig Geld. Einen Partner sucht sie über diverse Apps, wird aber regelmäßig bei oder nach den Treffen enttäuscht, was ihr Selbstwertgefühl weiter vermindert. Sie sucht Sicherheit und Bindung.

Frau Mittermayer „hat es gut"? Ist sie nur, wie sie selber von sich sagt: „faul", oder hat sie ein gravierendes Problem? Fast schon klischeehaft erfüllt sie die Kriterien von einigen ihrer Generation, hat aber enormen Leidensdruck und das Selbstbewusstsein schwindet ständig. Einerseits ist es psychodynamisch erklärbar, dass sie von den Eltern weiter versorgt werden möchte, andererseits leidet sie unter dieser Abhängigkeit und Einsamkeit.

Aufgewachsen in Wohlstand und relativem Sicherheitsgefühl, soll diese Generation eine Berufswahl treffen, in der Idee (aus Sicht der älteren Generationen) der unbeschränkten Möglichkeiten. „Such Dir aus, was Du werden möchtest, es soll Dir Spaß machen." Parallel dazu sieht die Arbeitswelt anders aus und Anstrengung ist kein Garant für Erfolg. Im Privatleben ist die Idee verbreitet, alles beeinflussen zu können. Wer nicht gesund, typentsprechend isst, wer keinen Sport macht, wird krank. Schönheit kann man medizinisch oder kosmetisch herstellen. Handyverträge oder Flüge günstig zu erwerben ist eine Frage von Geschick. Beim Traumjob wird es jedoch schwieriger. Erfolg hängt von vielen Faktoren ab, und längst nicht alle unterliegen den eigenen Einflussmöglichkeiten.

4.7 Generationenthemen und der therapeutische Prozess

Allen Generationen gemeinsam ist, dass sie im Spannungsfeld ihrer Biographie, der aktuellen Situation und der Zukunftsperspektiven leben. Für jede Generation kann man typische Konflikte benennen, die körperliche und psychische Gesundheit gefährden. In jeder Generation gibt es Situationen, denen man ohnmächtig gegenübersteht und Situationen, die man selbstwirksam beeinflussen kann.

In dem Buch „Seelische Trümmer" wird die besondere Prägung der in den 50er- und 60er-Jahren Geborenen durch das kollektive deutsche Kriegstrauma deutlich (Alberti 2013). Besondere Bindungs- und Erziehungserfahrungen der Nachkriegszeit prägen diese beiden Generationen der Traditionalisten und der Babyboomer, ebenso wie die Auswirkungen des Kalten Krieges und der Teilung Deutschlands.

In diesen älteren Generationen sind die Themen Rente, Pflege der Eltern, Wohnsituation im Alter, Umgang mit körperlichen Erkrankungen mittlerweile häufig, in den mittleren Generationen die Vereinbarkeit von Freizeit und Beruf, Partnerschaft, Kinder, in der jüngeren Generation Zukunftsgestaltung, Sinnhaftigkeit, Selbstwert. Immer aber ist die individuelle Situation eine andere.

Sämtliche Fallbeispiele in diesem Buch könnten auch in anderen Kapiteln aufgenommen werden, da bei jedem ein individueller, gesellschaftlicher, generationenspezifischer und biographischer Aspekt zu berücksichtigen ist.

Dieses Kapitel wurde mit in das Buch aufgenommen, da es für die therapeutische Situation (Übertragung-Gegenübertragung) wichtig ist, sich die jeweiligen Prägungen einer Generation nochmal vor Augen zu führen. Ein junger Therapeut versteht bei einer älteren Patientin vielleicht nicht, warum sie sich vom gewalttätigen Ehemann nicht trennen kann. Eine ältere Therapeutin versteht den jungen Mann vielleicht nicht, der keine Berufswahl treffen kann, obwohl er doch alle Möglichkeiten hat. Auch im Arbeitsumfeld, z. B. in einer Firma, arbeiten verschiedene Generationen zusammen, mit jeweils einer anderen Einstellung zur Arbeit. Jeder macht seine Arbeit auf seine Weise gut, nur anders. In Familien treffen ebenfalls naturgemäß verschiedene Generationen aufeinander. Die Werte der einen Generation sind nicht die die anderen. Und gerade am Thema Immobilie scheiden sich häufig die Geister.

Zusammenfassung
Dieses Kapitel charakterisiert die Unterschiede der verschiedenen Generationen bezüglich ihrer Einstellung zu Mobilität, Arbeit, Sesshaftigkeit, der Immobilie, unter Berücksichtigung der politischen und gesellschaftlichen Gegebenheiten ihrer Kindheit und Jugend, der jeweils typischen Kommunikationsmedien. Werte und Motivationen der Generationen haben sich verändert unter dem Einfluss von Globalisierung, Digitalisierung, anderen politischen Verhältnissen. Sowohl in Familien, als auch in der Arbeitswelt und im therapeutischen Setting bieten diese Unterschiede Chancen und Konflikte.

Literatur

Alberti B (2013) Seelische Trümmer – Geboren in den 50er- und 60er-Jahren. Die Nachkriegsgeneration im Schatten des Kriegstraumas. Kösel, München

Coupland D (1991) Generation X – Tales from an accelerated culture. Deutsch: Generation X – Geschichten für eine immer schneller werdende Kultur. Goldmann, München

Goodhart D (2017) The road to somewhere – the populist revolt and the future of politics. Hurst and Company, London

Half R (2019) https://www.absolventa.de/karriereguide/berufseinsteiger-wissen/xyz-generationen-arbeitsmarkt-ueberblick. Zugegriffen am 16.03.2019

Illies F (2002) Generation Golf – Eine Inspektion, 6. Aufl. Fischer, Frankfurt am Main

Migrationshintergrund oder Flüchtling

5.1 Vertreibung – 44

5.2 Migrationshintergrund – 45

5.3 Flüchtlingskind – 48

5.4 Spätaussiedler – 48

5.5 Gründe für das erhöhte Krankheitsrisiko bei Vertreibung, Flucht, Migration und Aussiedlung – 49

5.6 Gründe für ein erhöhtes Krankheitsrisiko bei Mikromigration – 51

Literatur – 52

Das Schicksal von Sesshaftigkeit und Nicht-Sesshaftigkeit spielt sich, wie beschrieben, individuell und gesellschaftlich und abhängig von der Generationenzugehörigkeit ab. Biographische Hintergründe von Migration und Flucht spielen dabei ebenfalls, auch noch nach Jahren, Jahrzehnten und generationenübergreifend eine Rolle. „Verwurzelte" und „Ausländer" treten miteinander in eine Interaktion, die, neben aktuellen, auch alte Konflikte aktivieren kann. Im folgenden Kapitel geht es darum, innerpsychische Konflikte und deren Bewältigung auch bei gelungener Integration zu verstehen und im Zusammenhang mit dem Thema Wohnsituation und Immobilie zu betrachten.

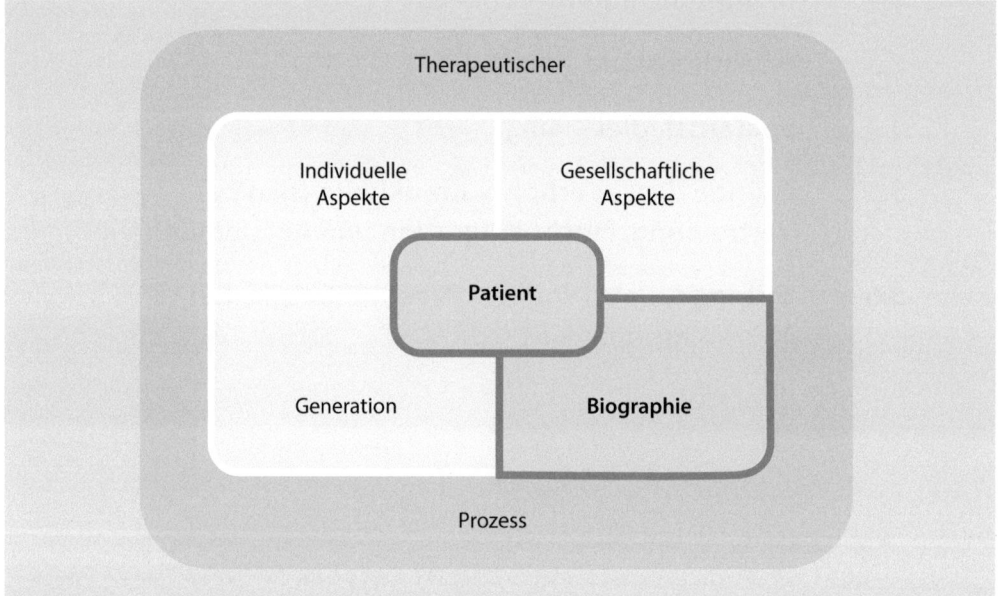

Im 19. Jahrhundert war Deutschland ein Auswanderungsland, vorzugsweise nach Nord- und Südamerika. Im 20. Jahrhundert war Deutschland durch die industrielle Revolution ein Einwanderungsland. Integration gelang über den Arbeitsplatz. Im 21. Jahrhundert ist nun durch die Flüchtlingsthematik zunächst einmal die Einwanderung im Fokus. Erfahrungsgemäß bleiben 80 % der Flüchtlinge in Deutschland. Ein Migrant hält erfahrungsgemäß viele Angehörige durch finanzielle Unterstützung im Heimatland. Wenn Integration gelingt, ergibt sich eine sogenannte Win-win-Situation auf beiden Seiten (Arbeitskräfte und Reproduktion). Familiennachzug senkt die Kriminalität.

5.1 Vertreibung

„Flüchtling" gewesen zu sein, hinterlässt lebenslange Spuren. Das Gefühl, die Sesshaftigkeit, die Heimat verloren zu haben, bleibt Thema. Die Wurzeln wurden gekappt, neue mussten sich erst entwickeln, meist gegen widrige Umstände. Häufig sind es gerade diese Menschen, die alles daransetzen, in der neuen Heimat wieder eine eigene „Immobilie" zu haben. Wenn schon die emotionalen oder sozialen Verwurzelungen schwierig sind, so sollen wenigstens wieder eigener Grund und Boden als Kompensation Halt und Sicherheit bieten. Der Erwerb von Grund und Boden und einem Haus darauf ist hauptsächlich vom Fleiß und

Engagement des Einzelnen abhängig und somit einfacher zu erzielen als z. B. soziale Integration. Man kann die anderen nicht zwingen, einen zu mögen. Aber man kann sein eigenes Haus bauen.

Beispiel
Einen besonders kreativen Weg der kompensatorischen Verarbeitung beschritt Herr Müller (geb. 1940). Seine Familie verlor große Ländereien in Pommern. Er kam mit seiner Familie nach Deutschland und wurde Architekt. Privat lebte er sehr bescheiden, baute in der neuen Heimat aber ganze Stadtteile und lehrte an der Universität.

„Man muss nicht alles selber haben, man kann auch haben lassen". Dies wurde zu seinem Wahlspruch. Er projizierte seine Wünsche in seine Klienten und traf damit oft den Kern. Privat lebte er bescheiden, seine Projekte waren allerdings auf große Vermögen angelegt. Herr Müller schaffte es damit, sich körperlich und psychisch gesund zu erhalten. Bis auf den Tag, als die neuen Besitzer des Rittergutes seiner Eltern in Polen (seine Familie wurde vertrieben) ihn um Hilfe bei der Renovierung des jetzt ihnen gehörenden Rittergutes baten. Er erkrankte an einer schweren Depression. Auch Abwehrmechanismen haben ihre Grenzen, sie erfüllen für einige Zeit ihren Zweck. Bei Reaktivierung alter Konflikte, kommt es dann häufig zur Dekompensation.

Die derzeitige Flüchtlingsproblematik in Europa wird die betroffenen Menschen und die Bevölkerung der Gastgeberländer mit Sicherheit noch lange beschäftigen. Es wiederholen oder steigern sich sogar nicht nur die Flüchtlingszahlen des zweiten Weltkrieges, sondern in gewisser Weise wiederholen sich auch die Schicksale. Bei der deutschen Bevölkerung wird dadurch auch das ein oder andere Trauma reaktiviert. In nahezu jeder Familie gibt es einen Flüchtlingshintergrund.

Bei älteren Patienten kommt in Psychotherapien derzeit wiederholt die Angst vor Zwangseinquartierung auf, die sie nach dem zweiten Weltkrieg entweder als zur Aufnahme Gezwungene oder als Flüchtling erlebt haben. Die politische Situation sorgt für eine Reaktivierung eines alten, mal besser, mal schlechter gelösten Konfliktes.

Wie man an der Reaktion der Bevölkerung sieht, wehren einige diese Problematik ab und wollen mit dem Thema und damit auch mit den Flüchtlingen nichts zu tun haben. Andere versetzen sich in deren Lage und geben Hilfe, die die eigene Familie vor vielen Jahren empfangen hat, zurück. Oder aber sie wollen es anders und besser machen, wenn in der Biographie Eltern oder Großeltern von negativen Erfahrungen berichteten.

5.2 Migrationshintergrund

Von Migration spricht man, wenn eine Person ihren Lebensmittelpunkt räumlich verlegt. Von internationaler Migration spricht man, wenn dies über Staatsgrenzen hinaus geschieht.

Mit dem Begriff „Menschen mit Migrationshintergrund" ist eine sehr heterogene Gruppe der Zuwanderer und ihrer Nachkommen gemeint. Nach dieser Definition leben heute 15 Millionen Menschen mit Migrationshintergrund in Deutschland, also fast ein Fünftel der Bevölkerung.

Die Forderung nach Integration übersieht oft einige Faktoren, die eine Integration schwierig machen. Familien mit Migrationshintergrund haben es in vieler Hinsicht schwer. Die auswandernden Erwachsenen versuchen in der häufig ängstigenden Fremde Halt durch bekannte Sitten und Bräuche der Heimat zu erhalten. Oft werden diese sogar strikter und konsequenter vertreten als früher. Vielleicht wird dies schon an der Kleidung sichtbar. Werden im Heimatland die Burka, das Kopftuch oder die Lederhose relativ locker gehandhabt, werden diese Kleidungsstücke in der Fremde zu Bekenntnissen und zu Identitätsstützen, zu Zeichen und Symbolen von Abgrenzung und Zugehörigkeit. Türkische Clubs in Deutschland und deutsche Clubs im Ausland pflegen das „Türkentum" oder das „Deutschtum" viel sichtbarer, offensiver und konservativer als im jeweiligen Heimatland. Diese Clubs werden zu Stätten der Pflege der vergangenen Identität, aber auch das Heimweh wird in ihnen gepflegt oder gelindert.

Politische Flüchtlinge oder Arbeitssuchende kommen nicht als Urlauber. Viele kommen nicht freiwillig. Das Familienoberhaupt bestimmt häufig, dass ausgewandert wird: Frauen und Kinder müssen folgen. Für die, die nicht aus eigenem Antrieb auswandern, sondern wegen Krieg und damit verbundener Lebensgefahr aus ihrer Heimat fliehen und in der Fremde eine neue Heimat suchen müssen, wird die erzwungene Integration nicht nur schwierig, sondern stellt eine neue Bedrohung der Identität dar.

„Heimweh" ist keine klinische Diagnose, wirkt aber mächtig pathogen. Heimweh verzerrt den Blick auf die neue Heimat, die als Zwangsheimat und Bedrohung erlebt wird, als Gefängnis und Exil. Eine Folge davon ist die Ghettobildung. Das Ghetto wird zum Ersatz für die Heimat. Es erfordert viel Verständnis der Einheimischen, die Fremden zu verstehen, wenn sie ihr Exil anfangen zu hassen. Man erwartet von den Einwanderern und Flüchtlingen Dank, was aber oft kommt, ist nicht Dank, sondern feindselig wirkende, ängstliche Abschottung.

Hinzu kommt die Sprache. Die Muttersprache ist geistige Heimat. In der Fremdsprache wird man schwer heimisch. Eine Fremdsprache erlernt man meist in einer Institution und sie findet keinen Raum in der alltäglichen Kommunikation. Die oft schon in der neuen Heimat geborenen Kinder lernen die neue Sprache als Zweitsprache (neben der Erstsprache als zweites Mittel der Kommunikation) wesentlich einfacher kennen, haben durch Kindergarten und Schule ganz selbstverständlich Einblicke in die neue Kultur, die den Eltern manchmal lebenslang entgehen.

Die Werte beider Kulturen zu respektieren, ist weniger schwer, als nach den Idealen beider Kulturen zu leben. Dies ist sogar manchmal unmöglich.

Umzüge, besonders ins Ausland, aber auch im Inland, sind besonders für Kinder oft traumatisch. Von manchen Kindern werden Umzüge als „Vertreibung" erlebt, das jedenfalls zeigt sich in den Psychotherapien.

Ein Phänomen ist, dass in einigen Familien die Integration nach außen erfolgreich zu verlaufen scheint, sogar manchmal unter dem Bild der Überanpassung. Dann aber gibt es in diesen Familien eventuell einen Ausreißer, einen Sohn oder eine Tochter, die viel deutscher oder türkischer als die Eltern ist, aber zurückwandert, delinquent oder krank wird: Unbewusst wird an diese Familienmitglieder das Ausagieren des Heimwehs delegiert. Sie werden zu Symptomträgern.

Beispiel

Frau Obati (geb. 1984), aus einem arabischen Land stammend, seit dem 10. Lebensjahr in Deutschland lebend, konnte ihr Jurastudium nicht beenden, da sie mehrfach durch Prüfungen fiel und zum letzten Versuch nicht mehr antreten wollte. Zur Prüfungs-und Angstbewältigung begab sie sich in eine psychosomatische Klinik.

Um in Deutschland studieren zu können, hatte sie keine Mühen gescheut. Ihr Ehemann hatte fast 10 Jahre lang auf seine eigene berufliche Weiterbildung verzichtet, um der Mutter von drei kleinen Kindern das Studium zu ermöglichen und auch, um danach durch die Ehefrau finanziell abgesichert zu sein. Für die Patientin aber würde ein Abschluss des Studiums bedeuten: der Druck zu arbeiten und Geld zu verdienen wäre von beiden Großfamilien, der eigenen und der ihres Mannes, enorm. Die Erwartung bestünde, dass mit ihrem verdienten Geld auch noch weitere Familienmitglieder der Großfamilien, vor allem die insgesamt 20 Geschwister des Ehepaares, darunter 2 straffällige, unterstützt würden. Gleichzeitig gelten in der Familie aber weiter die arabischen Regeln, wie die Patientin sich als gute Mutter und Ehefrau, sowie als perfekte Hausfrau und gute Gastgeberin zu verhalten habe (angefangen von Kopfbedeckung im Hause, wenn die Brüder des Mannes anwesend sind, bis hin zur Gestaltung der Mahlzeiten). Auch in den eigenen vier Wänden, dem Zuhause, mischten sich die verschiedenen Ansichten der Nationen. Die Mauern stehen zwar in Deutschland, die Sitten gelten aber aus dem Heimatland. Die Freiheit und Unabhängigkeit als berufstätige Ehefrau in Deutschland würde sich also nicht einstellen, sondern eine Mehrfachbelastung, der sie sich nicht gewachsen sah. Die Prüfungsangst stellte sich als Abwehr von nicht kompatiblen Rollen heraus.

Beispiel
Frau Paspati (geb. 1965) ist die Tochter von südeuropäischen Gastarbeitereltern, die in den 60er-Jahren nach Süddeutschland kamen. Viele Jahre wuchs sie bei den Großeltern im Heimatland auf und wurde erst von den Eltern nach Deutschland geholt, als es den Eltern finanziell besser ging. Eigentlich hatte sie sich darauf gefreut, wieder bei den Eltern zu leben, doch diese waren ihr fremd geworden und das neue Land und die neue Sprache machten ihr Angst. Die Mutter vermittelte ihr, bloß nicht negativ auf zu fallen, damit sie nicht als „Gastarbeiterbalg" beschimpft werden könne. Auch durfte sie keine Freundinnen nach Hause einladen, da sich die Mutter für die kleine und bescheidene Wohnung schämte. Alles ersparte Geld floss in den Bau eines Hauses im Heimatland, wohin die Familie nach der Berentung des Vaters zurückziehen wollte, dies aber nie tat. Frau Paspati entwickelte eine Magersucht und eine Somatisierungsstörung.

Frau Paspati wollte „nur noch aus beiden Leben verschwinden". Sie entwickelte eine atypische Magersucht: sie konnte keinerlei Lebensmittel mit Kohlenhydraten vertragen. Alles, was ihre Mutter nach Rezepten aus der Heimat kochte, „ging nicht". Keine Pizza, keine Pasta. Immer wieder ging sie Beziehungen zu Männern ein, in deren große Wohnung sie dann auch einzog. Am Ende der kurzlebigen Beziehungen musste sie ausziehen und war „heimatlos". Wenn sie dann zu Eltern und Geschwistern zog, musste sie den Streit unter den verstrittenen Parteien aushalten und entwickelte Somatisierungsstörungen, die sie abschotteten. Diese Erkrankungen betrafen Augen, Ohren und Nase. Schon als Kind konnte sie die beengten Wohnverhältnisse der Familie kaum aushalten, in denen es kein Platz für Intimität gab. Andererseits war sie gezwungen, den Intimitäten der Eltern zuzuhören, die Ohren konnte sie nicht verschließen. Ständig war sie auf der Suche nach einer Heimat. Die sogenannten „Pendelkinder", die zwischen Familie im Heimatland und Eltern im „Gastarbeiterland" hin und her geschickt werden, müssen „alle Sinne abschalten" und sich das „Fühlen abgewöhnen" um ihre Traurigkeit „in den Griff zu bekommen", so die Worte von Frau Paspati. „Wenn mich die Eltern lieben würden, hätten sie das nicht gemacht".

Es ist sehr verbreitet, dass Gastarbeiterfamilien im Heimatland ein Haus bauen und große Summen des in Deutschland verdienten Geldes dahin fließen. Einerseits bedeutet das eine weitere Verwurzelung mit der Heimat, andererseits bietet es die Möglichkeit, im Urlaub oder nach der Rente wieder zu den Wurzeln zurückzukehren. Problematisch ist, dass die Kinder aber mittlerweile in Deutschland Fuß gefasst haben und nicht zurückwollen.

Eine Besonderheit bieten Glaubensgruppen, die – egal in welchem Land – eine Untergruppe bilden.

Beispiel
Frau Pollmann (geb. 1970), Mutter von 13 Kindern, war vor einigen Jahren mit der gesamten Familie von Osteuropa nach Bayern ausgewandert. Schon in Osteuropa bildete ihre religiöse Gemeinde ein eigenes Dorf, ebenso in Deutschland. Eine eigene Schule mit eigenen Sport- und Freizeitangeboten erleichtert den Kindern und Eltern das Leben. Fast alle Kinder haben mehr als 10 Geschwister. Bei allen Gemeindemitgliedern wird der Tages- und Wochen-Rhythmus durch die Kirche bestimmt, für alle gelten gleiche Kleiderregeln. Da diese Glaubensgruppe in einer eigenen sozialen Umgebung lebt und die deutsche Sprache spricht, haben die Kinder und Jugendlichen nicht die gleichen Probleme anderer Kinder mit Migrationshintergrund, sie sind unter sich,

egal in welchem Land. Die Väter aber arbeiten in diversen Berufen außerhalb der Gemeinde, die Mütter kümmern sich um Einkäufe und Arztbesuche außerhalb der Gemeinde. Frau Pollmann begab sich aufgrund eines Erschöpfungssyndroms und einer somatoformen Schmerzstörung in ein multimodales tagesklinisches Programm für chronische Schmerzpatienten.

Für Frau Pollmann war Krankheit der einzige Weg aus der Überlastung, der keine gesellschaftlichen Sanktionen der Gemeinde nach sich zog. Verhütung ist nur aus gesundheitlichen Gründen erlaubt. Somatisierung ist kein bewusster Prozess, Frau Pollmann war „mit Leib und Seele" Mitglied der Gemeinde, sah die Vorteile der Gemeinschaft und liebte deren Zusammenhalt. Die Überforderung durch die strengen Regeln der Gemeinschaft, zeitlich (z. B. Kirchgänge) und inhaltlich (z. B. keine Verhütung), brachte sie in die Erschöpfung. Immer für andere da zu sein galt nicht nur für ihre Freundinnen, die ihr während des Krankenhausaufenthaltes halfen, sondern auch für sie. In fast allen Häusern der dörflichen Gemeinde gab es Tische, die groß genug waren, nicht nur die eigenen Kinder, sondern auch die der Nachbarn zu verköstigen. Alle Kinder konnten dort ihre Hausaufgaben machen. Das Zuhause bedeutete also nicht nur das eigene Haus, sondern die gesamte religiöse Gemeinschaft. Auch wenn die Glaubensgruppe relativ abgeschottet lebt, kennen vor allem die erwachsenen Mitglieder die Freiheiten der Bevölkerung im Umkreis. Die freie Kleiderwahl der Mitpatientinnen zum Beispiel, war für Frau Pollmann ein Thema. Sie entdeckte in der Kunsttherapie das Malen als Ressource und einen Bereich, in dem es keine Vorschriften gab.

5.3 Flüchtlingskind

Flucht hat häufig auch zum Ziel, dass die Kinder es mal besser haben sollen. Gerade wenn die Eltern eine relativ gute Position aufgegeben haben, fühlen sich die Kinder unter Druck, auch im neuen Land erfolgreich zu sein und den Erwartungen der Eltern zu entsprechen. Diese haben viel aufgegeben, um den Erfolg in der nächsten Generation zu sehen.

Beispiel
Herr Dahmali (geb. 1988) kam mit Schwestern und Eltern vor 30 Jahren als Flüchtlingskind aus Afrika nach Deutschland. Der Vater hatte dort eine gute Position, er hatte sich Rechnen und Schreiben durch das Fenster einer Schule (dort wurden die reichen Kinder im Klassenzimmer unterrichtet) angeeignet, da seine Eltern das Schulgeld für ihn und seine Geschwister nicht aufbringen konnten. Seine Kinder sollten es mal besser haben. In Deutschland arbeitete der Vater in mehreren Jobs hintereinander, um seinen Kindern eine gute Ausbildung zu ermöglichen. Herr Dahmali studierte und suchte nach gut bezahlten Stellen. Vor der stationären Aufnahme in die psychosomatische Klinik arbeitete Herr Dahmali im Außendienst in der Kundenakquise und musste versuchen, Kunden für das Produkt seiner Firma zu interessieren, die von sich aus noch gar nicht wussten, dass sie dieses Produkt brauchen könnten. So erfuhr er ständig Ablehnung auf langen Fahrten durch Deutschland.

Als Wiedergutmachung für die Mühen des Vaters um seine Ausbildung wollte sich Herr Dahmali revanchieren. Der Traum des Vaters wäre immer ein Eigenheim mit Garten in der neuen Heimat gewesen, was er sich nicht leisten konnte. Dieses Haus wollte der Sohn dem Vater kaufen, dafür nahm er auch die aktuelle gut bezahlte Stelle an, durch die sein altes Trauma reaktiviert wurde: immer unterwegs und erst einmal abgelehnt.

5.4 Spätaussiedler

Der Preis einer neuen Sesshaftigkeit kann auch der Preis bzw. der Verlust der Muttersprache sein. Sprache ist das Hauptkommunikationsmittel im Alltag. In der Muttersprache versteht man die Feinheiten, damit auch den Humor und die Spitzen. Aussagen in Radio, Fernsehen und Kino bieten verständliche Informationen und sind ohne größere Anstrengungen, mit Vergnügen, zu verstehen. Arzt-, Rechtsanwalts- oder Behördensprache sind schon in der Muttersprache für viele eine Herausforderung. In einer Fremdsprache, die man nicht systematisch gelernt hat, bieten Medien und offizielle Anlässe eine Menge Stresspotential. Es muss ständig – im Kopf – übersetzt werden, was begleitet wird von einer permanenten Unsicherheit, ob man auch richtig verstanden hat und verstanden wird. So bringt der Verlust der Muttersprache auch eine ständig angespannte Verunsicherung mit sich. Subjektiv wird diese An- bzw. Überforderung auch als sprachliche Behinderung und damit manchmal als narzisstische Kränkung erlebt. Besonders schwierig zu verstehen ist, wenn die Muttersprache im Mutterland nicht mehr verstanden wird.

Beispiel
Frau Römer (geb. 1940), eine russlanddeutsche ältere Dame, die sich einer orthopädischen Behandlung im Krankenhaus unterziehen musste, wurde weder von Ärzten und Pflegepersonal noch von Mitpatienten verstanden. Sie war der Meinung, sie rede Deutsch. Sie hatte dies als Muttersprache in Russland gelernt. Ihr Deutsch entsprach aber nicht der heute gängigen Umgangssprache und war durch Dialekt noch zusätzlich verändert.

Sie war verzweifelt und enttäuscht, sie fühlte sich in der vermeintlichen Heimat fremder denn je. In Russland war sie „die Deutsche", in Deutschland „die Russin". Mit ihren Kindern war sie ausgesiedelt, um es im Alter einfacher zu haben. Jahrzehntelang war die Rückkehr nach Deutschland ihr Ziel und die Phantasien über das Positive wurden von Jahr zu Jahr bunter. Ein Zurück gab es nicht mehr. Die Enttäuschung über die reale Situation führte zu einer manifesten Depression.

5.5 Gründe für das erhöhte Krankheitsrisiko bei Vertreibung, Flucht, Migration und Aussiedlung

Über interkulturelle Psychotherapie, Flucht und Migration und deren Auswirkungen, wurden schon vor mehr als zehn und besonders in den letzten Jahren viele hervorragende Beiträge aus psychotherapeutischer (Erim 2009; Gün 2007) und auch analytischer (z. B. Grinberg et al. 2016; Utari-Witt und Kogan 2015; Bahrke 2017) Sicht geschrieben. Da in diesem Buch der Schwerpunkt auf der Gestaltung der Wohnsituation liegt, bei zu viel oder zu wenig an Mobilität, soll hier nur auf die Gründe eines erhöhten Krankheitsrisikos bei Flucht und Migration durch psychosoziale Faktoren eingegangen werden

Beispiel
Herr Müller (▶ Abschn. 5.1) hat aus der Not eine Tugend gemacht. Kreativ hat er das Trauma der Familie verarbeitet. Er baute für andere das, was er und die Familie verloren hatten. Seine Abwehrmechanismen versagten allerdings, als er dem Rittergut der Familie vor Ort gegenüberstand, es gehörte ihm nicht. Und er sollte es renovieren. Das Gefühl der Ohnmacht und der Ungerechtigkeit übermannten ihn. Er hatte seiner Meinung nach zwar den Verlust verarbeitet, nie aber seine Eltern. „Erst im Angesicht dieser Mauern konnte ich mir vorstellen, was mein Vater an Verlust erlebt hat". Die Identifikation mit dem Vater lässt ihn dekompensieren.

Beispiel
Frau Obati (▶ Abschn. 5.2) hat Probleme mit Rollen- und Normenkonflikten. Innerhalb der Wohnung gelten die Regeln des Herkunftslandes, außerhalb die des Gastgeberlandes. Mit beiden Ländern fühlt sie sich verbunden, beide Regeln gleichzeitig zu erfüllen, widerspricht sich. Ihr fehlt die Zukunftsorientierung, nach welchen Regeln sie sich richten soll. Eine

Orientierung an den Regeln des Gastgeberlandes bedeutet, einen Bruch mit der Familie zu riskieren.

Beispiel
Frau Pollmann (▶ Abschn. 5.2) lebt innerhalb des Hauses und innerhalb der religiösen Gemeinschaft nach den Regeln, die auch schon in Osteuropa galten. Innerhalb dieser Gemeinschaft ist es für sie unwesentlich, in welchem Land sie lebt. Verlässt sie dieses Umfeld, und sei es auch nur zum Einkaufen, wird sie mit einer völlig anderen Welt konfrontiert. Auch sie gerät in Identitätsprobleme, Normen- und Rollenkonflikte. Normen schränken ein, geben aber auch Halt. Durch die Kleiderordnung ihrer Gemeinschaft signalisiert sie deutlich, sobald sie das Haus verlässt, dass sie anders ist. In den eigenen vier Wänden lebt sie konform zu den Regeln, die dort gelten. Das Malen (ohne Regeln) ist ihre Ressource. Hier kann sie sich ihre Freiheiten nehmen.

Beispiel
Frau Paspati (▶ Abschn. 5.2) leidet unter Trennungs- und Entwurzelungserlebnissen, sie fühlte sich von den Eltern im Stich gelassen. Sie rebelliert gegen die Mutter, indem sie das von ihr zubereitete Essen nicht essen kann, und damit auch gegen die Bindung der Eltern an das Heimatland. Dort fließt alles Geld hin in ein Haus, in dem niemand wohnt. Sie wünscht sich im neuen Land ein Zuhause, das sie durch Beziehungen zu Männern zu erhalten versucht.

Beispiel
Herr Dahmali (▶ Abschn. 5.3) will seinen Vater nicht enttäuschen, der wegen ihm und wegen der Geschwister den Aufbruch in eine ungewisse Zukunft gewagt hat und hart dafür arbeitet, dass es den Kindern bessergehen soll. Auch die Erwartungen der zurückgebliebenen Verwandtschaft sind hoch. Den Eltern ein Haus als Wiedergutmachung und Dank zu bauen, sowie Geld ins Heimatland zu schicken, ist für ihn eine Verpflichtung. Ein eigenes Haus im neuen Land symbolisiert aber auch ein in Stein gebautes „Angekommensein".

Beispiel
Frau Römer (▶ Abschn. 5.4) leidet unter enttäuschten Erwartungen und einer narzisstischen Kränkung. Über viele Jahre und Jahrzehnte hielt sie auch traumatische Erlebnisse aus, in der Hoffnung auf ein besseres Leben in Deutschland. Nie hätte sie erwartet, sich auch im „gelobten Land" fremd zu fühlen. Sie hätte nicht erwartet, dass sich in Deutschland so viel verändert hat, auch die Sprache. Ihr Bild von Deutschland entspricht dem ihrer Großeltern und Eltern. In Deutschland lebt sie in einem Altenheim, ihre Kinder haben Wohnungen in einer Großstadt. Auch die Vorstellung und der Wunsch, dass die Großfamilie unter einem Dach zusammenbleibt, gingen nicht in Erfüllung. Kinder und Enkel sind berufstätig und haben weder Platz noch Zeit für ihre Pflege.

Zusammenfassend sind bei Verlegung des Lebensmittelpunktes in ein anderes Land, eine andere Kultur, folgende Gründe als Gefahr für körperliche und psychische Gesundheit zu betrachten:

Krankheitsbegründende psychosoziale Faktoren bei Vertreibung, Flucht, Migration und Aussiedlung
– Traumatische Erlebnisse im Heimatland oder auf der Flucht
– Trennungs- und Entwurzelungserlebnisse
– Sprachliche und kulturelle Verständigungsprobleme
– Verlust der kommunikativen, haltgebenden sozialen Beziehungen
– Verlust stabilisierender kultureller, ethnischer und religiöser Werte
– Enttäuschte Erwartungen und narzisstische Kränkungen
– Erwartung und Delegationen der zurückgebliebenen Familienangehörigen

- Generationenkonflikte
- Normen- und Rollenkonflikte
- Identitätsprobleme
- Höhere Arbeitsplatzgefährdung, Arbeitslosigkeit, Existenzängste
- Fragliche Zukunftsorientierung
- Besonders bei Frauen: Mehrfachbelastung (Haushalt, Beruf, Kindererziehung)

5.6 Gründe für ein erhöhtes Krankheitsrisiko bei Mikromigration

Von Migration spricht man, wenn eine Person ihren Lebensmittelpunkt räumlich verlegt. Von internationaler Migration spricht man, wenn dies über Staatsgrenzen hinaus geschieht. Was aber ist mit der „Mikromigration"? Was ist mit den Menschen, die aus beruflichen oder privaten Gründen nicht dort leben oder arbeiten, wo sie eigentlich wollen, mit den Pendlern?

- Durch den Wertewandel in der Gesellschaft und die gestiegenen Anforderungen an Mobilität im beruflichen wie auch im privaten Umfeld, ist zu diskutieren, ob nicht ähnliche Gründe für ein erhöhtes Krankheitsrisiko bei der Bevölkerung mit einem „zu viel" an Mobilität vorliegen, wie bei Vertreibung, Flucht, Migration und Aussiedlung

Auch der Pendler, der unfreiwillig an einem entfernten Standort der Firma arbeitende Mitarbeiter, der immer auf Dienstreisen unterwegs befindliche Mitarbeiter, die zu ihren Patchwork-Familienmitgliedern am Wochenende sich unterwegs befindenden Kinder und Eltern etc. haben ähnliche Probleme.

Private (z. B. Scheidung) und berufliche (z. B. Arbeitsplatzverlust, Umstrukturierung in Firmen) Konflikte zwingen häufig zu ungewollter Mobilität im Sinne von langen Fahrten zur Arbeit oder an den Wochenenden, z. B. um Kontakt zu Kindern und zur Familie aufrecht zu erhalten. Trennungs- und Entwurzelungserlebnisse können so empfunden werden, bezüglich einer gewohnten Arbeitssituation oder bezüglich einer ehemals vorhandenen Familiensituation. Auch im neuen privaten oder beruflichen Umfeld entstehen psychosoziale Probleme, die bewältigt werden müssen. Haltgebende soziale und berufliche Strukturen müssen neu aufgebaut werden. Stabilisierende Faktoren, wie zum Beispiel eine bestimmte berufliche Stellung oder ein Familienstand sind vielleicht verloren gegangen, häufig einhergehend mit narzisstischen Kränkungen. Eigene Erwartungen und Erwartungen des persönlichen Umfeldes erzeugen Druck. Generationen-, Normen- und Rollenkonflikte erschweren den Alltag und führen zu Konflikten. Nicht selten sind dadurch auch Identitätskonflikte die Folge. Ein Zuviel an Mobilität bedeutet häufig auch ein Zuwenig an Zeit für Freizeit, Familie und berufliche Hintergrundarbeit. Ohne Existenzängste, Angst um den Arbeitsplatz oder fragliche Zukunftsorientierung setzten sich wenige einem Zuviel an Mobilität aus.

Beispiel
Herr Wegner (▶ Abschn. 3.4) leidet unter Zeitmangel als Pendler. Mehr als drei Stunden pro Tag verwendet er auf die Wege zur Arbeit und nach Hause. Einer Kündigung konnte er durch die Annahme der Beschäftigung an einer Außenstelle der Firma zunächst entgegenwirken, er sieht dies aber als „Zeitbombe". Existenzängste, Mehrfachbelastungen, Enttäuschungen über das Verhalten des Arbeitgebers, Identitätsprobleme beschäftigen ihn auf seinen Fahrten. Private Konflikte, da er zu wenig zu Hause ist und berufliche Konflikte, da man an der neuen Arbeitsstelle „keinen Schnüffler aus der Hauptniederlassung braucht", kommen hinzu. Er fühlt sich entwurzelt. Er hat Sehnsucht nach seinen alten Kollegen und dem sozialen Umfeld, für das keine Zeit bleibt.

Beispiel

Herr Nelles (▶ Abschn. 3.6) hat keine täglichen langen Wege zurückzulegen, er ist aber für Wochen und Monate im Block im Ausland. Dort lebt er in einem möblierten Zimmer, seine Familie lebt in seinem Haus in Deutschland. Seine berufliche Qualifikation wird an wenigen speziellen Zentren auf der Welt gebraucht, geschätzt und sehr gut bezahlt. Dennoch leidet er unter Trennungs- und Entwurzelungserlebnissen, dem Verlust kommunikativer, haltgebender und sozialer Beziehungen, fraglicher Zukunftsorientierung. Bis zur Rente will er so nicht weiterleben und arbeiten.

Zusammenfassend sind bei Mikromigration folgende Gründe als Gefahr für körperliche und psychische Gesundheit zu betrachten:

> Krankheitsbegründende psychosoziale Faktoren bei „Mikromigration"
> - Konflikte, privat und beruflich
> - Trennungs- und Entwurzelungserlebnisse
> - Psychosoziale Probleme im neuen Umfeld
> - Verlust der kommunikativen, haltgebenden sozialen Beziehungen
> - Verlust stabilisierender Werte
> - Enttäuschte Erwartungen und narzisstische Kränkungen
> - Erwartungen und Delegationen der Familienangehörigen
> - Generationenkonflikte
> - Normen- und Rollenkonflikte
> - Identitätsprobleme
> - Arbeitsplatzgefährdung, Arbeitslosigkeit, Existenzängste
> - fragliche Zukunftsorientierung
> - Mehrfachbelastung (Haushalt, Beruf, Kindererziehung)

Zusammenfassung

An diesem Kapitel wird besonders deutlich, dass es in der Psychotherapie nicht nur darum geht, eine Diagnose zu stellen. Die Hintergründe, die zu der Symptomatik führten, sind das, was im Fokus der Therapie stehen muss. Daher ist auch keine Therapie wie die andere, sondern so individuell wie der Mensch. Auch wenn es aus Sicht der Therapeuten oder anderer Außenstehenden den Menschen jetzt viel bessergeht als vorher, kann die individuelle Sicht der Betroffenen ganz anders sein. Es sind nicht nur die äußeren Umstände, die glücklich oder krankmachen.

Literatur

Erim Y (2009) Klinische Interkulturelle Psychotherapie – Ein Lehr- und Praxisbuch. Kohlhammer, Stuttgart

Grinberg L, Grinberg R et al (2016) Psychoanalyse der Migration und des Exils. Psychosozial-Verlag, Gießen

Gün AK (2007) Interkulturelle Missverständnisse in der Psychotherapie. Lambertus, Freiburg

Leuzinger-Bohleber M, Bahrke U (Hrsg) (2017) Flucht, Migration und Trauma – Die Folgen für die nächste Generation. Vandenhoeck und Ruprecht, Göttingen

Utari-Witt H, Kogan I (2015) Unterwegs in der Fremde – Psychoanalytische Erkundungen zur Migration. Psychosozial-Verlag, Gießen

Konfliktlösungsversuche

6.1 Heimweh – 54

6.2 Fernweh – 54

6.3 Resilienz, Ressourcen – 55

6.4 Immobilität in der Sesshaftigkeit oder Sesshaftigkeit in der Immobilität – 57

6.4.1 Cocooning – 57
6.4.2 Ferienhäuser-Zweitwohnungen – 58
6.4.3 Mobilien: Autos und Wohnmobile, Camping und Reisen – 58
6.4.4 Pilgern – 59
6.4.5 Gesundheitsbewusstsein und Bewegung – 59
6.4.6 Essen – 60
6.4.7 Sprache – 60
6.4.8 Musik – 61
6.4.9 „Der dritte Ort" – 61
6.4.10 Religion – 62
6.4.11 Kleidung – 62
6.4.12 Lesen und Liedtexte – 62
6.4.13 Wohnsituation – 63

6.5 „Rettung" durch Transfer ins Bewusste – 64

Literatur – 64

© Springer-Verlag GmbH Deutschland, ein Teil von Springer Nature 2019
B. Vill, *Vom Preis der Sesshaftigkeit*, Psychotherapie: Praxis,
https://doi.org/10.1007/978-3-662-58943-4_6

Dieses Kapitel soll aufmerksam machen auf Ressourcen von Menschen, die damit kreativ ihrem Problem des Zuviels an Sesshaftigkeit oder des Zuviels an Mobilität begegnen. Wie kann auf kreative Art und Weise der Umgang mit einer unteroptimalen Lebenssituation, die vom Einzelnen im Globalen nicht zu ändern ist, im Eigenen gestaltet werden? Wie und durch was wird im eigenen Umfeld Selbstwirksamkeit möglich, sich das zu ergänzen, was fehlt? Körperliche und psychische Gesundheit werden so, oft unbewusst, auch ohne oder vor psychotherapeutischer und medizinischer Hilfe in der Balance gehalten, oder nach einer Psychotherapie, im Sinne von Ressourcen, weiter stabilisiert.

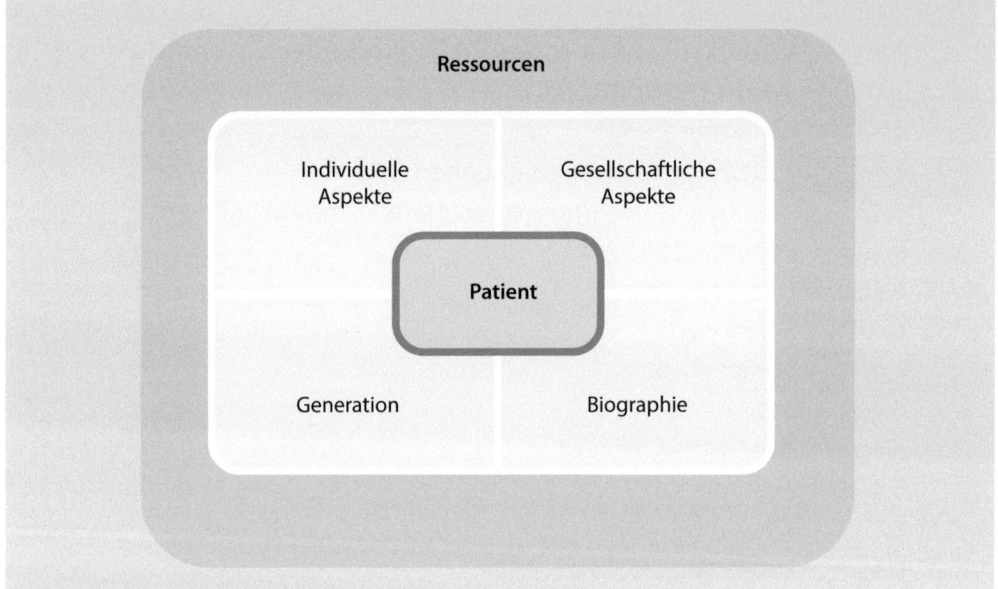

6.1 Heimwehr

> **Heimweh**
>
> Heimweh bezeichnet die Sehnsucht in der Fremde, wieder in der Heimat zu sein. Was Heimat bedeutet, ist sehr vielschichtig und individuell.

Sowohl Globalisierung als auch Mobilität, Digitalisierung und Migration haben Einfluss auf das Heimatgefühl. Daher ist das Wort Heimat derzeit sehr populär, in allen Medien und eben auch in Psychotherapien.

Man geht von **4 hauptsächlichen Dimensionen des Konzeptes Heimat** aus:

- **räumlich, politisch:** Das „Vaterland", die Landschaft, die Natur, Gerüche, Geräusche
- **zeitlich, situativ:** Geburtsort, aktueller Lebensmittelpunkt, Geborgenheit
- **sozial:** Freunde, Arbeit, Familie
- **kulturell:** Sprache, Essen, Religion, Musik, „Mutter Erde"

6.2 Fernweh

> **Fernweh**
>
> Fernweh bezeichnet die Sehnsucht, vertraute Verhältnisse zu verlassen und die weite, unbekannte Welt zu entdecken.

Dieser Begriff wird aktuell eher zu Zwecken der Reise- und Tourismusbranche verwendet, ist aber auch in Psychotherapien zu finden. Menschen, die sich zu mehr Sesshaftigkeit gezwungen fühlen als sie möchten, träumen von größeren oder kleineren Fluchten und setzen sie auch in die Tat um.

6.3 Resilienz, Ressourcen

Lösungsversuche ohne psychotherapeutische Hilfe bei Heimweh oder Fernweh werden intuitiv oder geplant in Angriff genommen. Es sind Anpassungen an die Anforderungen der aktuellen Situation, um diese gelassener, besser, oder überhaupt aushalten zu können.

Resilienz

Mit dem Begriff Resilienz (lat. resilire = zurückspringen) wird ganz allgemein die Toleranz eines Systems gegenüber Störungen beschrieben.

In der Psychologie und verwandten Disziplinen wird mit dem Begriff der Resilienz die relative Widerstandsfähigkeit einer Person gegenüber pathogenen Lebensumständen und Ereignissen bezeichnet. Damit verbunden ist die individuelle Fähigkeit, in Belastungssituationen handlungsfähig zu bleiben und in einer angemessenen Zeit auch schwere Belastungen oder Traumatisierungen zu bewältigen (Senf und Broda 2011). Ein anschauliches Beispiel ist das Stehaufmännchen, das sich aus jeder beliebigen Lage wiederaufrichten kann. Das Konzept beschreibt die individuelle Kompetenz einer Person, durch Rückgriff auf persönliche und sozial vermittelte Ressourcen, Lebenskrisen als Anlass für persönliche Entwicklungen zu nutzen.

Ressource

Mit dem Begriff Ressource (lat. resurgere = wieder erstellen) wird der natürlich vorhandene Bestand von etwas bezeichnet, das für einen bestimmten Zweck – besonders zur Ernährung der Menschen und zur wirtschaftlichen Produktion – benötigt wird, ebenso ein Bestand an Geldmitteln oder eine Geldquelle, auf die jemand zugreifen kann.

In der Psychologie sind mit Ressourcen aktuell, also nicht anderweitig gebundene, nicht mehr oder noch nicht verfügbare Potentiale gemeint, die die Entwicklung unterstützen. Dabei kann zwischen Individualressourcen (genetische Dispositionen und biologische Faktoren, positive Lerngeschichten) und Umfeldressourcen (Faktoren wie Familie, Bindungs- und Freizeiteinrichtungen oder sozioökonomische Variablen) unterschieden werden (Petermann und Schmidt 2006).

- Lange konzentrierte sich die Psychotherapie auf Defizite. Ressourcenorientierung konzentriert sich auf Entwicklungspotential und Selbstheilungskräfte (Selbstwirksamkeit), damit beschäftigt sich die „Positive Psychologie" (Sonnenmoser 2007)

Der Ansatz ist nicht neu, wird aber immer noch zu wenig und ausbaufähig in Psychotherapien angewandt, vor allem beim Thema Mobilität und Sesshaftigkeit.

Ohne im Detail auf diesen Therapieansatz eingehen zu wollen, werden im Folgenden Möglichkeiten, die aus der Ohnmacht in die Selbstwirksamkeit der Patienten führen können, bezogen auf das Thema des Buches, aufgeführt.

Die in den Fallbeispielen in diesem Buch erwähnten Menschen wurden oder werden durch das Anwenden der einen oder anderen Strategie der unten aufgeführten Stabilisierungsmöglichkeiten „in der Waage" gehalten.

Förderlich dazu ist ein gewisses Selbstvertrauen (Thema Selbstwert in Psychotherapien) und eine gewisse Kommunikations- und Problemlösefähigkeit (wird z. B. durch Gruppentherapie gefördert). Ebenfalls fördert eine positive Bindung (Bowlby 1995) sowie möglichst wenige belastende Lebensereignisse in Kindheit und Jugend die Fähigkeit, auf Ressourcen zurückzugreifen, oder diese zu entwickeln. (von Hagen und Voigt 2013)

Sowohl Sesshaftigkeit als auch Mobilität können Risikofaktoren für körperliche und psychische Gesundheit sein, wenn ein gesundes Mittelmaß überschritten wird und das Gefühl der Ohnmacht dominiert und das Gefühl der Selbstwirksamkeit gering ist (◘ Abb. 6.1).

> **„Die Dosis macht das Gift" (Paracelsus), auch bei Mobilität und Sesshaftigkeit.**

Die Kompensation des einen (Fremden) durch das andere (Vertrautes) und umgekehrt stabilisiert. Das können Urlaube bei Sesshaftigkeit oder Anschluss an heimische oder religiöse Gruppen bei Auslandsaufenthalten sein.

In der Zeitschrift „Psychologie heute" weist Christoph Türcke (2016) darauf hin: Erst wenn die Heimat nicht mehr da ist, besonders wenn der Weggang (aus beruflichen, privaten, politischen Gründen) nicht freiwillig war, bekommt sie Bedeutung. Wer selbstverständlich in der Heimat wohnt, denkt darüber kaum nach. Die Mobilitätsanforderungen der heutigen Zeit lassen das Thema Heimat wieder aktuell werden. Geborgen kann man sich erst dann fühlen, wenn man sicher angekommen ist, sich angenommen fühlt und mit den Menschen vor Ort gut auskommt. Dies hat nachweislich einen stabilisierenden Effekt auf die körperliche und psychische Gesundheit (z. B. Angsterkrankungen, Depression, chronischer Schmerz, Herzinfarkt und Schlaganfall).

Melody Warnick (2016) hat in ihrem Buch einen regelrechten Punktekatalog erstellt, wie man sich in einer neuen Umgebung zu Hause

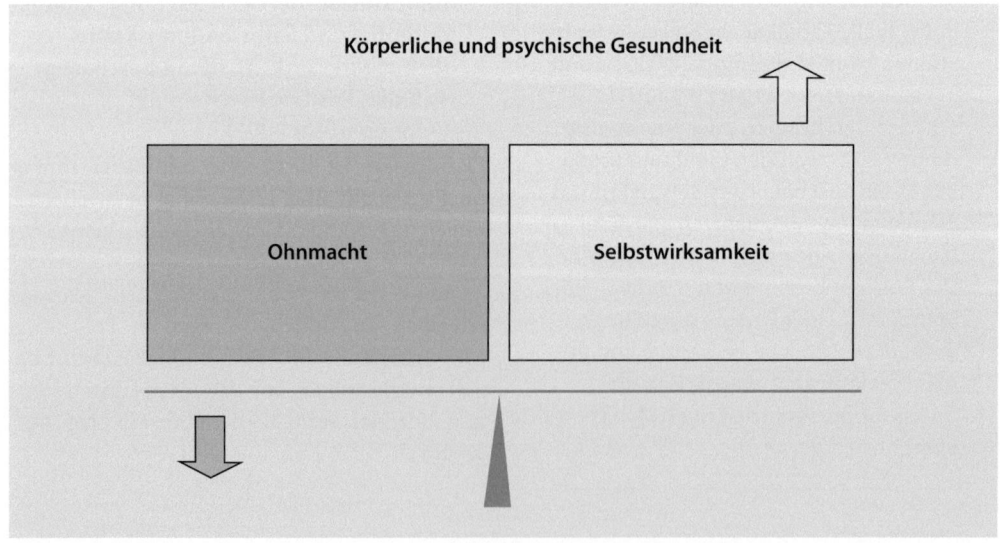

◘ Abb. 6.1 Ohnmacht hat eine negative und Selbstwirksamkeit eine positive Auswirkung auf körperliche und psychische Gesundheit

fühlt. Dazu gehört u. a. viel zu Fuß gehen, mit den Nachbarn sprechen, sich ehrenamtlich engagieren, vor Ort einkaufen gehen, das heißt in Interaktion mit seiner täglichen Umwelt zu treten.

Auch Henriette Stern (2016) thematisiert die Bedeutung, sich auch an einem Nicht-Sehnsuchtsort heimatlich zu fühlen und zu verwurzeln.

Es gibt viele Untersuchungen und Beobachtungen über den „Wohlfühlfaktor" von Sesshaftigkeit und Heimatgefühl.

Anscheinend wirkt ein „Wohlfühlfaktor" sogar stärker auf uns als medizinisch nachweisbare Belastungen.

Die Menschen (vorwiegend alte Frauen), die nach der Katastrophe von Tschernobyl, trotz dringender Warnung der Regierung, wieder in ihre verstrahlte Heimat zurückkehrten, starben nicht früher als die Umgesiedelten. Der Sog nach dem Geborgensein im Vertrauten war bei diesen Menschen zu groß. Umsiedlung hätte bedeutet, nicht auf der eigenen Scholle mit Garten und Haustieren zu leben, sondern in Mietswohnungen am Stadtrand. „Vor allem ältere Menschen begannen, seit Anfang der neunziger Jahre wieder in ihre alte, verstrahlte Heimat zurückzukehren. In der „toten" 30-Kilometer-Sperrzone wohnen inzwischen wieder insgesamt rund 2000 Menschen. Manche Geister-Dörfer haben dabei nur ein oder zwei Einwohner. Die Behörden beobachten das Phänomen der Rückwanderung mit Sorge, doch sie dulden es. Manche Forscher unterstützen diese Menschen in ihrem Entschluss, denn sie glauben, dass die psychosoziale Belastung der Zwangsumsiedlung gesundheitsgefährdender sein kann als das Verbleiben am radioaktiv verseuchten Wohnort" (Lossau und Schulte 1996).

Mit Mauerfall und Auflösung der DDR 1989 wurde aber auch deutlich, dass man nicht nur die Heimat im Sinne von Grund und Boden verlieren muss, um in eine Identitätskrise zu fallen. Auch der Zerfall von Normen und Werten oder politischen Regimen kann zur Identitätsfrage am gleichen Ort führen. Was gestern noch richtig war, ist heute falsch.

Viele Berichte, Bücher, Filme beschreiben das enttäuschte Gefühl der aus Pommern oder Schlesien Geflüchteten, wenn sie nach 50 Jahren ihre alte Heimat wieder besuchen und nichts so vorfinden, wie in ihren Erinnerungen. Im kleinen Rahmen geht es Studenten so, die nach vielen Jahren die Stadtviertel ihrer Studentenstadt besuchen und vergeblich die Stammkneipe suchen, die der „Gentrifizierung" zum Opfer gefallen ist. Der Stadtteil ist zwar jetzt hip, sauber und top renoviert, die Erinnerung, die das Heimatgefühl ausmacht, findet aber kein Äquivalent mehr.

Trendforscher vom Frankfurter Zukunftsinstitut stellten in der Bevölkerung eine allgemeine Angst vor Globalisierung, Beschleunigung, Verlust der Privatsphäre, Massenmigration und politischer Unberechenbarkeit fest. Die Ohnmacht, dies zu ändern, führt derzeit in die Rückbesinnung und Pflege des Bewährten. Das häusliche Glück wird wieder wichtiger, Ruhe und Zugehörigkeit sind gefragt. Der Trend geht von der wieder gemütlichen Wohnungsausstattung (wie bei Möbelmessen zu sehen ist) bis zur Renaissance des gemeinsamen Kochens, von Urban Gardening über Senioren-WGs bis zu Malbüchern für Erwachsene.

6.4 Immobilität in der Sesshaftigkeit oder Sesshaftigkeit in der Immobilität

Im Folgenden werden, ohne Anspruch auf Vollständigkeit, häufige Ressourcen als Möglichkeit des Ausgleichs genannt.

6.4.1 Cocooning

Der Mensch hat ein ausgeprägtes Bedürfnis nach Zugehörigkeit und Stabilität. Vieles kann man selbst dazu beitragen, sich auch an Nicht-Wunschorten und in Zeiten von Globalisierung und Anonymität durch moderne Medien wohl zu fühlen: Der neue Name für diese Gegenbewegung des Einigelns ist „Neo-Biedermeier" oder „Cocooning". Dies bedeutet ein Rückzug in die eigenen vier Wände, wenn die Welt draußen zu stressig oder unüberschaubar ist. Man schaut sich zu Hause mit neuen Medien einen Film an und bestellt das Essen über einen Lieferdienst, oder kocht mit Freunden in der eigenen Küche. Auch innerhalb der eigenen vier Wände gibt es manchmal noch eine Aufteilung. Die Kinder ziehen sich in ihre häufig auch sehr gut und technisch ausgestatteten Zimmer zurück. In vielen Familien ist die Garage oder der Hobbyraum im Keller das Refugium des Mannes. Neuerdings erreicht uns aus Amerika der Trend, im Garten ein Holzhäuschen für die Frau aufzustellen, ein sogenanntes „She-Shed". Nach der Arbeit wäre so für Mann und Frau ein Rückzugsort gegeben, bevor man sich dem Familienleben stellt, was gerade von Vollzeit berufstätigen Eltern auch als Überlastung erlebt wird.

Auch der Garten kann Rückzugsort sein und seine Gestaltung eine stabilisierende Funktion haben. Hier erdet man sich buchstäblich, je nach Anbau dient der Garten auch der körperlichen Versorgung mit Obst und Gemüse und macht so unabhängig. Man kann im heimatlichen Garten exotische und in der Fremde heimatliche Gewächse anpflanzen.

6.4.2 Ferienhäuser- Zweitwohnungen

Wo kauft man sich ein Ferienhaus oder eine Zweitwohnung? Da, wo man das Gegenteil von dem findet, was man zu Hause hat, oder da, wo man das findet, was man vermisst. Die aktuelle Wohnsituation lässt Wünsche offen. Als Städter zieht es einen wahrscheinlich aufs Land, ans Meer oder in die Berge. In Ferienhäusern und Zweitwohnungen treffen sich oft Familien in den Ferien und haben so bei unterschiedlichen Wohnorten einen Fixpunkt und auch Platz für ein jährliches Treffen. Ferienhäuser werden nicht nur nach Attraktivität der Orte ausgesucht. Vielleicht hat man durch häufige Urlaube an diesem Ort schon ein soziales System aufgebaut oder vielleicht ist es der Heimatort, an dem man nicht mehr wohnt. Durch individu-

elle Möblierung und persönliche Gegenstände geben Ferienhäuser und Zweitwohnungen ein Heimatgefühl in der Ferne, anders als im Hotel. Hier ist man Anwohner und nicht Gast. Rational kann der Kauf mit „guter Geldanlage" begründet werden, meist jedoch ist die Ferien- oder Zweitwohnung teurer als das beste Luxushotel, wenn sie nicht regelmäßig genutzt wird. Wenn Patienten in Therapien von Zweitwohnungen sprechen oder träumen, ist die Antwort auf die Frage: „Was erhoffen Sie sich da oder was finden Sie dort?" häufig ein Hinweis auf ungelebte Seiten im Alltag.

6.4.3 Mobilien: Autos und Wohnmobile, Camping und Reisen

Die wohl populärste Kompromissbildung zwischen den beiden Tendenzen Mobilität und Immobilität wird am Phänomen des Urlaubs anschaulich: Millionen Sesshafter packen für ein paar Wochen im Jahr ihr Auto und ihren Wohnwagen und machen sich auf temporäre Migration in dem Wissen: man hat ein Zuhause, das man nur auf Zeit verlässt. Der Wohnwagen oder das Wohnmobil an sich ist schon ein Kompromiss zwischen Sesshaftigkeit und Mobilität, sozusagen eine mobile Immobilie. Anders als beim Ferienhaus kann man zumindest die Umgebung ändern. Man kann, muss aber nicht, nicht selten wird der gleiche Campingplatz in Frankreich oder Spanien über Jahrzehnte angefahren. Der Zusammenhalt und die Gemeinschaft auf Campingplätzen zieht an und wird von vielen wie eine zweite Heimat empfunden. Von der legeren Kleiderordnung und dem Provisorium der Küchensituation bis zu den gemeinschaftlichen Sanitäranlagen: privat und öffentlich mischt sich. Auch sind gesellschaftliche und finanzielle Unterschiede nicht so deutlich wie in der alltäglichen Wohnsituation, „hier mischt sich alles". Die teuersten Wohnmobile gehören nicht unbedingt den Menschen mit dem höchsten Einkommen.

Autos werden immer wohnlicher und komfortabler. Je mehr Zeit im Auto verbracht wird, umso wichtiger wird es. Die Sitze werden immer bequemer, Sitzheizung ist schon kein Luxus mehr. Es wird immer leiser und gemütlicher im Auto. Durch „den Navi", wahlweise Frauen- oder Männerstimme, wird man an Ziele geleitet, könnte im Stau Filme schauen und bei der Fahrt Hörbücher, Musik, Radio hören und telefonieren. Man kann das machen, wozu man im Alltag sonst nicht kommt. Das Auto wird so zu einem „dritten Ort" (s. ▶ Abschn. 6.4.9).

Reisen ist gerade in Deutschland eine sehr beliebte Ressource, Sesshaftigkeit zu kompensieren. Noch nie gaben Deutsche so viel Geld für Reisen aus wie derzeit. Das scheint einerseits auf den Druck der jungen Generation zurückzuführen zu sein, Mobilität zu leben, und auf den Wunsch der älteren Generation, noch einmal etwas zu erleben nach der Rente, da viel Zeit und Geld dem Bau einer Immobilie gewidmet wurde.

6.4.4 Pilgern

Pilgern erlebt eine Renaissance in den letzten Jahren. Die ursprüngliche Bedeutung des Pilgerns war, aus religiösen Gründen in die Fremde zu gehen, zu einem bestimmten religiösen Ort. Man pilgerte aus Gründen der Buße, des Sündenablasses, eines Gelübdes, aus Dank oder aus einem anderen bestimmten Anliegen. Heute machen sich viele Menschen mit dem Ziel der Flucht vor oder der Pause von dem Alltag oder Stress auf den Weg. Der Weg ist das Ziel, oft die Reise zu sich selbst. Abraham war der erste Pilger, im Spätmittelalter gab es schon mal einen Pilgerboom. Eine Strafpilgerreise nach Santiago de Compostella konnte vor der Todesstrafe bewahren.

In psychosomatischen Kliniken nehmen Patienten an einer Selbsterfahrungsgruppe teil, Pilger machen Selbsterfahrung auf dem Weg. Nicht jedem genügt diese Selbsterfahrung ohne therapeutische Begleitung. So manche stationäre Behandlung mündete aber bei Patienten in den Wunsch, anschließend noch vor Wiederaufnahme der Arbeit eine Pilgerreise zu unternehmen. Andererseits kenne ich auch Patienten, die sich auf einer Pilgerreise dazu entschlossen, psychotherapeutische Hilfe in Anspruch zu nehmen.

6.4.5 Gesundheitsbewusstsein und Bewegung

In Bezug auf körperliche Bewegung im Alltag sind wir alle in den letzten Jahrzehnten zunehmend unbeweglicher, immobiler geworden. Fast alle sitzen im Beruf zu viel und bewegen sich zu wenig. Auch in Haushalt und Garten muss man durch elektrische Geräte (waschen, putzen, kochen, backen, Wiese mähen) kaum noch Muskelkraft aufwenden. Alles kann elektrisch und ferngesteuert bedient werden, wenn man will. Die Zeitersparnis wird dadurch aufgehoben, dass Freizeitsport Zeit braucht. Die Bedeutung von Bewegung für körperliche und psychische Gesundheit ist unumstritten. Ganz im Sinne des heute wieder populären ganzheitlichen medizinischen Denkens für Leib und Seele hat schon Hippokrates in der Antike gesagt:

> „Gehen ist des Menschen beste Medizin."

Auch der Wunsch nach „innerer" Bewegung kann externalisiert werden in Fitnessstudios. Für viele ist körperliche Bewegung ein Bedürfnis, für manche eine Pflicht. Einige beschreiben, dass Bewegung (joggen, wandern, Fahrrad fahren etc.) gerade bei dem Gefühl der Immobilität ein Bedürfnis ist, andere machen genau die gegenteilige Erfahrung: innere und äußere Beweglichkeit sind konform. Bewegung, Sport in der Gruppe oder im Verein kann in der Fremde etwas Vertrautes sein. Fußball verbindet die Nationen. So mancher Schüler mit Heimweh während eines Auslandaufenthaltes fühlt sich im französischen oder englischen Fußballverein zuhause.

6.4.6 Essen

Wie auch schon in einigen Fallbeispielen deutlich wurde, befriedigt heimatliches Essen im Sinne von körperlichem Wohlbefinden regressive und stabilisiert instabile Gefühle. Zumindest für einige Zeit ist man im fremden „Hier und Jetzt" wieder im Vertrauten. Das Essen hat in jeder Kultur eine eigene Bedeutung. Mehr noch als die Muttersprache, trägt die „Muttermilch" zum Aufbau unserer Identität bei.

- **Muttermilch**

Essen kommt in der kindlichen Entwicklung vor allen anderen Erfahrungen. So manche Kultur wird uns durch die jeweiligen Lokale erst nähergebracht oder weckt unser Interesse. Die ersten fremdländischen Lokale in Deutschland kamen aus den Ländern, in denen man den Urlaub verbrachte, z. B. Italien. So mancher wendet in der Pizzeria gerne die in der Volkshochschule erworbenen Italienischkenntnisse an. Für so manchen Sesshaften kann dies schon als Kompensationsmechanismus dienen, und ein Abend in der Pizzeria fühlt sich schon an wie ein halber Urlaub. In vielen europäischen Ländern findet man hervorragende Lokale aus den ehemaligen Kolonien. Bei Auslandsaufenthalten kochen zum Beispiel Studenten sehr gerne mal „wie aus dem Heimatland", bei Touristenbörsen gibt es auch immer die jeweiligen Essensstände. Aussiedler eröffnen gerne typische Betriebe ihres Heimatlandes in der neuen Heimat. In Australien oder den USA zum Beispiel fahren Deutsche weite Wege, um bei der „German Bakery" ihre Brötchen zu kaufen. Auch der Volksmund sagt:

- „Liebe geht durch den Magen."
- „Essen verbindet."
- „Essen und Trinken hält Leib und Seele zusammen."

Beispiel

Herr Reuter (geb. 1950), ein zurückgekehrter, für 15 Jahre beruflich nach Australien ausgewanderter Bayer, berichtet: „Im Westen von Sydney gab es einen Nürnberger Metzger. Die Metzgerei war genauso eingerichtet wie eine Metzgerei in Nürnberg. Sie war immer gut frequentiert mit deutschen Auswanderern, die oft über eine Stunde Autofahrt in Kauf nahmen, um sich kiloweise mit Leberkäse, Bratwurst oder „Bündle" einzudecken. Ich war damals gut integriert und spürte keinerlei Heimweh. Nur alle drei oder vier Monate „packte" es mich, wie ferngesteuert, es zog mich zu Ricki, dem Metzger, ich kaufte ein Paket voll Wurst, viel zu viel. Jedenfalls fuhr ich nach Hause, baute die Wurstwaren auf, ein deutsches Bier dazu – und nach ein paar Bissen waren ich und mein (dann doch zugestandenes) Heimweh geheilt. Ich wunderte mich, warum ich bei 40 Grad im Schatten zwei Stunden für fettige Wurst unterwegs gewesen war. Drei oder vier Monate später war ich wieder unterwegs, zum Ricki."

Wie auch bei Herrn Reuter, ist Heimweh häufig kein bewusstes Gefühl. „Es zieht uns" zu der ein oder anderen Handlung, die nicht als pathologisch zu bewerten ist. Wenn die an die Heimat erinnernde Handlung zur Stabilisierung dient, kann man dies als Ressource betrachten.

6.4.7 Sprache

Studenten oder Berufstätige, die auch nur innerhalb Deutschlands in einem anderen Bundesland arbeiten als in dem sie aufgewachsen sind, berichten häufig Ähnliches. Die in Bayern lebende Bonnerin genießt auf dem Bonner Wochenmarkt den rheinischen Dialekt, der in Freiburg arbeitende Hamburger auf Besuch in Norddeutschland das Plattdeutsch und beide fühlen sich dadurch zu Hause.

Der Sänger Heinz Rudolf Kunze antwortet auf Frage, welches Verhältnis er zu Deutschland habe, dass das gesamte Deutschland seine Heimat sei. Das liege an seiner gestückelten Biografie. Er sei geboren in einem Flüchtlingslager und oft umgezogen. Deshalb sei der ganze deutsche Sprachraum sein Zuhause.

Ein netter, kellnernder Student in einem Gartenlokal kam mit den Gästen ins Gespräch, die ihn auf seinen Akzent ansprachen und nach seinem Heimatland fragten. Er antwortete, er habe kein Heimatland, nur eine Heimatsprache, aramäisch. Sie seien ein Volk von 4 Millionen Menschen ohne Land, aber mit gemeinsamer Sprache. Seine Familie wohne überall und er hier.

An diesen Beispielen wird die identitätsstiftende Funktion der Sprache besonders deutlich. Beim Thema Sesshaftigkeit geht es um Identität. Die Sprache wird anstelle der Geographie zum Raum der Sesshaftigkeit.

Genauso können aber auch ein Gebäude, eine gesellschaftliche, finanzielle oder familiäre Konvention, eine Firma oder das Beamtentum die Identität und Sesshaftigkeit bestimmen.

- **Muttersprache**

Die Muttersprache erwirbt ein Kind von den ersten Bezugspersonen, meist den Eltern. Sie findet Verwendung im Alltag.

- **Zweitsprache**

Eine Zweitsprache, wenn zum Beispiel die Eltern aus verschiedenen Nationen stammen und die Kinder zweisprachig aufwachsen, wird neben der Erstsprache ebenfalls als Kommunikationsmittel im Alltag eingesetzt.

- **Fremdsprache**

Eine Fremdsprache wird meist in einer Institution, z. B. Schule, im späteren Leben erlernt und dient nicht als Alltagssprache im persönlichen Umfeld. Sich in einer Fremdsprache zu verständigen, ist ungewohnter und anstrengender. Für Aussiedler, Migranten, Flüchtlinge ist Sprache als Mittel der Kommunikation in dem Land, in dem sie nun leben, elementar und eine Voraussetzung zur Integration. In der Familie und mit Freunden die Muttersprache zu sprechen ist eine Ressource.

Umgekehrt dient ein Fremdsprachenkurs für die Sesshaften als Kontakt zur Fremde. Die Wahl der Fremdsprache kann mit dem „Lieblingsland" im Urlaub zusammenhängen oder aber auch berufliche Aspekte haben. Das Arbeitsfeld in der Firma wird im Rahmen der Globalisierung vielleicht durch Auslandsbeziehungen erweitert. Innerhalb eines Landes haben Dialekte eine ähnliche Bedeutung wie Fremdsprachen. „Der Dialekt ist hörbare Heimat". Kurse werden angeboten, damit diese regionalen Sprachen nicht vergessen werden, und Bücher werden über sie geschrieben.

6.4.8 Musik

Auch die Musik hängt sehr stark mit Heimatgefühl zusammen. Aus der Behandlung von alten oder demenzkranken Patienten weiß man, dass sie oft nur und am besten durch die ihnen seit der Kindheit vertrauten Melodien und Gesänge zugänglich sind. Studien beschäftigen sich mit der Wirkung von Musik intrauterin auf Ungeborene, wenn Mütter in der Schwangerschaft z. B. viel klassische Musik hören. In der Heimat sich mit fremdländischen Musikrichtungen zu beschäftigen dient ebenso als Ressource, wie sich in der Fremde heimatliche Musik anzuhören. Von Urlauben und Reisen mitgebrachte CDs halten Erinnerungen wach, vor langen Auslandsaufenthalten lädt man sich vielleicht noch mal die heimatliche Musik auf das Mobiltelefon.

6.4.9 „Der dritte Ort"

Ray Oldenburg (1999) hat das, was in vielen Orten „die Stammkneipe", der Verein etc. bedeutet, als den sogenannten „dritten Ort" bezeichnet. Ein Ort, der eben nicht die Arbeitsstelle und nicht die eigene Wohnung ist, der ohne Reservierung oder Eintrittskarten zu betreten ist und an dem man sich im Kreise von Gleichgesinnten wohl fühlt. Diese dritten Orte haben umso mehr Bedeutung, je weniger geborgen oder je stressiger der erste und der zweite Ort sind. Musik und Sprache haben an diesen Orten eine große Bedeutung, weil eben die Muttersprache dort gesprochen wird, heimatliche Musik gespielt wird oder aber eben das Gegenteil: der dritte Ort kann auch Fernweh lindern. Auch das Auto (s.o.) kann die Qualität eines dritten Ortes erhalten, zum Beispiel, wenn mit Kollegen eine Fahrgemeinschaft zum Arbeitsplatz gebildet wird. Hier können dienstliche und private Angelegenheiten besprochen werden, Gemütlichkeit und Mobilität verbinden sich.

6.4.10 Religion

Religion ist eine wichtige Ressource. Überall auf der Welt gibt es Kirchen, Moscheen, Synagogen, Tempel, Gebetshäuser, in denen sich Gleichgesinnte treffen. Auch im Ausland finden sich nationenbezogene Gruppen, die Gebete und Lieder kennt man, auch in einer fremden Sprache erkennt man sie wieder. Weltübergreifend wird so Sicherheit, Geborgenheit im Kreise von Gleichgesinnten empfunden. Zusätzlich gibt es noch eine Macht, die beschützt. Regeln verleihen Struktur und geben Sicherheit.

6.4.11 Kleidung

> „Kleider machen Leute"

heißt die Novelle von Gottfried Keller aus dem Jahr 1874, die seither vielfach verfilmt oder als Oper inszeniert und so zu einer gängigen Redewendung wurde. Ganz ähnlich lautet ein volkstümliches Sprichwort bezüglich Kleidung:

> „Wie Du kommst gegangen, so wirst Du auch empfangen."

Durch Kleidung signalisiert man, zumindest auf den ersten Blick des Betrachters, nach außen sehr deutlich, ob man in dem Land, in dem man sich gerade befindet, auch sesshaft ist bzw. ursprünglich sesshaft war. Häufig geht ein innerlicher Integrationsprozess auch äußerlich mit dem Wechsel der Kleidung einher. Die Einwanderer kleiden sich dann zunehmend landestypisch und zeigen so auch kleidungstechnisch eine Integration. Indische, arabische und afrikanische Studentinnen und Studenten tragen bei feierlichen Anlässen möglicherweise die traditionelle Kleidung ihrer Heimat.

Vielleicht tun sie dies aber auch gerade, weil sie gut integriert sind und als Ausdruck ihrer doppelten nationalen Zugehörigkeit. Muslimische Mädchen und Frauen wehren sich zum Teil gegen das Kopftuch – oder aber tragen es ganz bewusst, oder kombinieren Jeans und Kopftuch. „Verkleiden" darf man sich traditionell an Karneval, da darf man sein, wer man sein möchte. Der englische Analytiker Bion sagte von einem Patienten: „He was immaculate. Sometimes such dress is an expression of the personality; sometimes a substitute for a personality that is not there. There are times when it is imperative to know which is which." Damit meinte er, die (perfekte) Kleidung kann Ausdruck einer Persönlichkeit sein, oder aber Ausdruck von etwas, was fehlt, wer man gerne sein möchte. Für den Therapeuten ist es extrem wichtig, diesen Aspekt bei seinen Patienten zu beachten (Bion 1982, S. 150). Diese Aussage Bions kann man durchaus auch auf die Wohnsituation, das Haus, als Externalisierung der Persönlichkeit, übertragen.

6.4.12 Lesen und Liedtexte

Lesen ist eine Ressource. Mal geht es um Information, mal um das Eintauchen in eine andere Welt. Musiktexte sprechen den an, der sich mit dem Text identifizieren kann.

Literatur auf Bestsellerlisten und Lieder in den Charts spiegeln das Interesse der Menschen an einem Thema wider. Zu Mobilität und Sesshaftigkeit wird und wurde im engeren und weiteren Sinn viel geschrieben in den letzten Jahren.

Sowohl in Ratgebern, Romanen, Krimis, Sachbüchern als auch in Kochbüchern spiegelt sich die Aktualität des Themas Heimat und Mobilität wider.

Lokale Literatur ist sehr beliebt. Die Identifikation mit der Umgebung ist von großer Bedeutung. Nicht nur der „Tatort" hat mit seinen regionalen Krimis Kultstatus erreicht, in fast jeder Region Deutschlands werden mit Begeisterung Lokalkrimis gelesen. Der Leser kennt die Straßen und Plätze, in denen Verbrechen stattfinden.

Unter den Kochbüchern findet man zum Beispiel „Heimat im Glas – Vergessene Köstlichkeiten" von Daniela Wattenbach (2018), oder „Unsere Wurzeln" von Stefan Steinheuer (2018), oder unzählige Bücher mit regionaler Küche oder Omas Rezepten. Genauso ist das Spektrum ausländischer Küche in deutschen Bücherregalen gewaltig.

„Altes Land" von Dörte Hansen (2015) ist ein Roman, der zur Jahreswende 2015/2016 wochenlang auf Platz 1 der Spiegel-Bestsellerliste stand. Darin wird sehr einfühlsam die Geschichte einer Frau erzählt, die als Flüchtlingskind aus Ostpreußen niemals richtig im Alten Land „angekommen" ist. Ihre Nichte mit Sohn, zwei moderne Flüchtlingskinder nach Trennung vom Mann und Vater, stehen eines Tages bei ihr vor der Tür eines alten Hauses, das Heimat werden soll. In ihrem 2018 erschienenen Roman „Mittagsstunde" erzählt sie vom Wertewandel in einem Dorf in Norddeutschland, wo nur wenige Alte sesshaft geblieben sind, als sich durch Flurbereinigung und veränderte Anforderungen an eine wirtschaftlich lohnende Landwirtschaft das Leben in der Stadt für die Jungen als attraktiver herausstellt (Hansen 2018).

Hape Kerkelings Buch „Ich bin dann mal weg – Meine Reise auf dem Jakobsweg" (2012) war auf der Bestsellerliste (und wurde verfilmt), ebenso wie „Die unwahrscheinliche Pilgerreise des Harold Fry" von Rachel Joyce (2012).

Auch auf der Bestsellerliste war Meike Winnemuths Buch „Das große Los" (2013). Sie beschreibt die Reise von einem Jahr durch die Welt, in dem sie in verschiedenen Städten der Welt auf Zeit wohnt, nachdem sie 500.000 Euro gewonnen und sich ein Sabbatjahr genommen hat. In diesem Buch beschreibt sie den Traum vieler Menschen von einer Auszeit. Meist braucht es einen Anlass, wie in diesem Fall den Geldgewinn, dass man sich auf den Weg macht. Wie die Autorin berichtete, hätte sie das Geld gar nicht benötigt, das Projekt kostete deutlich weniger als vermutet.

In aktuellen Liedtexten finden sich ebenfalls aktuelle Themen wie Heimat, Fernweh, Generationenwandel etc. wieder: „Leichtes Gepäck" von Silbermond thematisiert den Wunsch des Wegschmeißens von Ballast der jüngeren Generation, im gegenständlichen und im übertragenen Sinn. „Liebe auf Distanz" von Revolverheld thematisiert die Fernbeziehung (aus beruflichen Gründen?). „Zuhause", von Adel Tawil, thematisiert einen Aspekt des Heimatgefühls, die Freunde. In „Welt hinter Glas" von Max Mutzke werden etliche Themen dieses Kapitels erwähnt, sowohl Fernweh und Reisen, als auch die Themen „zu Hause" sein, am „dritten Ort", im „Auto", und das noch mit Freundin.

6.4.13 Wohnsituation

Die Wohnsituation, das Haus, kann Ressource oder Stressfaktor sein. Matthias Hirsch (2006) hat das in seinem Buch: „Das Haus. Symbol für Leben und Tod, Freiheit und Abhängigkeit" ausführlich und unter vielen Blickwinkeln beschrieben. Ebenso wie er, sehe auch ich in vielen Therapien einen Zusammenhang zwischen klinisch relevanten Symptomen und Wohnsituation. Ebenfalls wie er, bin auch ich der Meinung, dass gerade die oft lang ersehnte Fertigstellung einer erträumten Wohnsituation zum Problem werden kann.

> „Wenn das Haus fertig ist, kommt der Tod",

überliefert von Thomas Mann in „Die Buddenbrooks" (1986, S. 365). Dann ist wieder Zeit und Raum für Probleme, die bis dahin keine Zeit und keinen Raum fanden. Gelingt es, die Wohnsituation den subjektiven Bedürfnissen anzupassen, auch denen des jeweiligen Lebensalters und den Lebensumständen, den finanziellen und emotionalen Bedürfnissen, ist die Wohnsituation eine Ressource.

Stadthaus oder Landhaus, Einfamilien-, Mehrfamilien-, Reihen- oder Doppelhaus, Elternhaus oder ein selbst entworfenes Haus können Traumhäuser sein. Eigentum oder „zur Miete" ist auch noch ein Unterschied, bezogen auf Verpflichtung, Sicherheit und Dauer des geplanten Aufenthaltes unter diesem Dach. Im Trend liegen „tiny houses", eigene vier Wände auf kleinstem Raum, eventuell auf Rädern. Verschiedene Firmen widmen sich diesem Thema aufgrund der immer mobileren Gesellschaft, der Wohnungsnot in Ballungszentren und dem Wertewandel in den Generationen.

6.5 „Rettung" durch Transfer ins Bewusste

Die Spannung von Sesshaftigkeit und Mobilität erscheint in vielfältigen Formen (s. ▶ Kap. 3). Der ungarische Psychoanalytiker Michael Balint nahm zwei Grundtendenzen der grundliegenden psychischen Dynamik an: Oknophilie und Philobatismus (Balint 2017). Der eine Typ ist draufgängerisch, extrovertiert, abenteuer- und reiselustig, der andere eher ängstlich und ein Nesthocker. Eine Vergleichbare Typologie hat Fritz Riemann (2017) entwickelt (zwanghaft/hysterisch und depressiv/schizoid). Die etwas krankhaft anmutenden Begriffe beziehen sich im Grunde genommen auch wieder auf Sesshafte und Nomaden, auf die Spannung von Fernweh und Heimweh. Immer sein Leben typgerecht zu führen, ist eine Kunst. Äußere Zwänge lassen manchmal wenig Wahlmöglichkeiten, unbewusst steuern viele Menschen gegen die dominante Tendenz, ohne krank zu werden. In Psychotherapien steht der Transfer ins Bewusste und die darauffolgende Bearbeitung im Zentrum (siehe ▶ Kap. 8).

Zusammenfassung

Dieses Kapitel beschreibt Beispiele für Ressourcen von Menschen, die dem Problem des Zuviels an Sesshaftigkeit oder des Zuviels an Mobilität selbstwirksam begegnen. Die aufgeführten Begriffe werden im Rahmen des bio-psycho-sozialen Modells in ▶ Kap. 8 noch einmal aufgegriffen.

Literatur

Balint M (2017) Angstlust und Regression. Klett-Cotta, Stuttgart
Bion W (1982) The long week-end 1897–1919 – part of a life. Abingdon, Nashville
Bowlby J (1995) Elternbindung und Persönlichkeitsentwicklung – Therapeutische Aspekte der Bindungstheorie. Dexter, Heidelberg
von Hagen C, Voigt F (2013) Resilienz trotz belastender Lebensumstände. Psychother Dialog 1:16–20
Hansen D (2015) Altes Land, 19. Aufl. Knaus, München
Hansen D (2018) Mittagsstunde, 2. Aufl. Penguin, München
Hirsch M (2006) Das Haus – Symbol für Leben und Tod, Freiheit und Abhängigkeit. Psychosozial-Verlag, Gießen
Joyce R (2012) Die unwahrscheinliche Pilgerreise des Harold Frey. Fischer, Frankfurt am Main
Kerkeling H (2012) Ich bin dann mal weg. Meine Reise auf dem Jakobsweg, 19. Aufl. Piper, München
Lossau N, Schulte H (1996) Das unvorstellbare Leid der Liquidatoren und Umsiedler. In: HOME „DIE WELT". https://www.welt.de/print-welt/article647065/Das-unvorstellbare-leid-der-liquidatoren-und-umsiedler.html. Zugegriffen am 13.03.2019
Mann T (1986) Buddenbrooks – Verfall einer Familie. Fischer, Frankfurt am Main
Mutzke M. Songtext Welt hinter Glas. https://www.maxmutzke.de Zugegriffen am 25.04.2019
Oldenburg R (1999) The great good place. Paragon House, New York
Petermann F, Schmidt MH (2006) Ressourcen – Ein Grundbegriff der Entwicklungspsychologie und Entwicklungspsychopathologie. Kindheit Entwickl 15:118–127
Revolverheld. Songtext Liebe auf Distanz. https://www.revolverheld.de Zugegriffen am 25.04.2019
Riemann F (2017) Grundformen der Angst. Eine tiefenpsychologische Studie, 43. Aufl. Reinhardt, München/Basel
Senf W, Broda M (Hrsg) (2011) Praxis der Psychotherapie, 5. Aufl. Thieme, Stuttgart
Silbermond. Songtext Leichtes Gepäck. https://www.silbermond.de Zugegriffen am 25.04.2019
Sonnenmoser M (2007) Positive Psychotherapie: Positive Emotionen, Engagement und Lebenssinn. Dtsch Ärztebl 7:312–314
Steinheuer S (2018) Unsere Wurzeln. Tretorri, Wiesbaden
Stern H (2016) Heimat finden. Psychologie heute 43(12):18–24. Psychosozial-Verlag, Gießen
Tawil A. Songtext zuhause. https://www.adel-tawil.de Zugegriffen am 25.04.2019
Türcke C (2016) Man darf Heimat nicht verklären: Psychologie heute 43(12):25–27
Warnick M (2016) This is where you belong. The art and science of loving the place you live. Viking/Penguin Random House, New York
Wattenbach D (2018) Heimat im Glas – Vergessene Köstlichkeiten. Südwest Verlag, München
Winnemuth M (2013) Das große Los. Wie ich bei Günther Jauch eine halbe Million gewann und einfach losfuhr, 4. Aufl. Knaus, München

Die letzte Sesshaftigkeit

7.1 Das Traumhaus – 66

7.2 Das Denkmal – 68

7.3 Das Sterben – 69

7.4 Das Grab – 69

7.5 Das Erbe – 72

Literatur – 72

Egal wo der Mensch stirbt oder begraben wird, die Sesshaftigkeit auf dieser Welt findet damit ein Ende. Ungewiss ist, was danach kommt, und das macht vielen Angst. Manche sehen dem aber auch erleichtert entgegen, je nachdem, wie die letzten Jahre (oft schon im Wissen einer unheilbaren Krankheit) gelebt wurden. Bei psychosomatischen Konsilien in der Onkologie, der Geriatrie oder auf der Palliativstation werden völlig unterschiedliche Themen je nach Persönlichkeit besprochen. Oft sind Szenen aus der Kindheit Thema oder Erinnerungen an bestimmte Orte. Ebenso beschäftigen die Beziehung zur Familie und das Erbe die Betroffenen. Wem wird das Haus zum Beispiel vererbt? Dieses Kapitel möchte auf das Thema Sesshaftigkeit und Mobilität in der letzten Lebensphase aufmerksam machen.

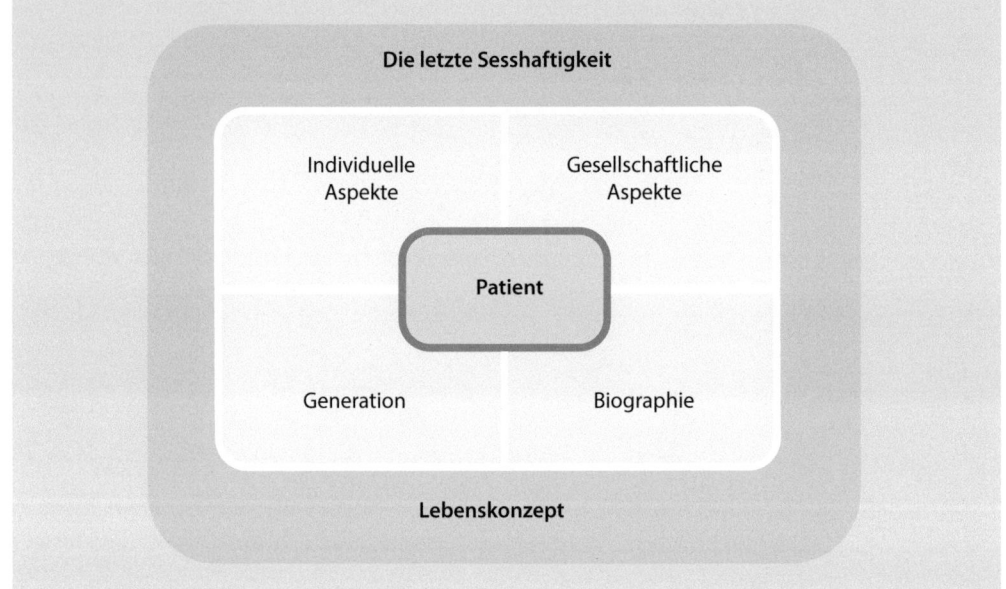

7.1 Das Traumhaus

» „Wir sind nur Gast auf Erden
und wandern ohne Ruh,
mit mancherlei Beschwerden,
der ewigen Heimat zu."
Thurmair (2014)

» „Dies Haus ist mein und doch nicht mein
Dem´s vor mir war, war's auch nicht sein.
Er ging hinaus, ich ging hinein,
nach meinem Tod wird´s auch so sein."

Sowohl in dem bekannten Kirchenlied von Georg Thurmair, als auch in dem Spruch aus dem Volksmund (s. ▶ Kap. 1), den man in verschiedener Form als Hausinschrift findet, wird deutlich, wie wenig die Idee der Sesshaftigkeit auf dieser Erde Bestand hat.

Auch wenn ich in einem Traumhaus lebe, muss ich das beim Tod verlassen. Selbst dort bin ich nur Gast. Eigentlich sagt genau das das Wort Traumhaus schon aus: der Traum von einem Haus ist nicht die Realität auf Dauer. Dennoch ist „Das Traumhaus" ein stehender Begriff bei Lotterien, Banken, in Büchern und Zeitschriften. Das Traumhaus ist ein Sehnsuchtsort.

Ein Architekt berichtet, dass die Idee des Traumhauses bei Bauherrn sehr verbreitet sei. Eine Schwierigkeit sei es, immer wieder auf die baulichen Möglichkeiten, die behördlichen Vorgaben und den finanziell gesteckten Rahmen zu verweisen, „damit aus dem Traumhaus kein Horrorkabinett wird". Oft merke er, dass die Gestaltung eines Hausbaus nicht nur eine Geld- oder Geschmacksfrage sei, sondern auch Urlaubs- und Kindheitserinnerungen die Planung mitgestalten.

7.1 · Das Traumhaus

Beispiel

Frau Kemplin (geb. 1925) hatte ein „schweres Leben". Sie hat den zweiten Weltkrieg erlebt, den Vater und das Zuhause verloren. Der erste Mann starb plötzlich, sie zog den Sohn ab seinem 6. Lebensjahr alleine auf. Auch in ihrer zweiten Ehe arbeitete sie in Vollzeit als Verkäuferin bis zur Rente, hatte diverse Nebenjobs. Der zweite Ehemann hatte ein geringes Einkommen, war aber handwerklich sehr begabt. Er starb nach langer Krankheit, sie pflegte ihn zu Hause. Das Ehepaar hatte einen alten Bahnhof auf dem Land gekauft und diesen liebevoll in Eigenarbeit zum Traumhaus umgebaut. Der Ehemann hatte eine ebenfalls schwere Kindheit und nie ein wirkliches Zuhause gehabt. Beide waren sich einig, durch den Kauf dieses Hauses sich endlich einen Ort der Ruhe und Geborgenheit bauen zu wollen. Sie verzichteten auf jeglichen Luxus und Urlaube. Frau Kemplin bekam die Diagnose einer unheilbaren Krankheit. Der Sohn lebt im Ausland mit seiner Familie, dort hat er eine hoch dotierte Stelle.

Für Frau Kemplin war die Frage: „Was wird aus dem Haus?" scheinbar wichtiger, als die Frage: „Was wird aus mir?" Die Vorstellung, dass dieses Haus in fremde Hände gehen würde, konnte sie kaum ertragen. Dass sie durch fremde Hände in einem Altenheim oder einem Hospiz gepflegt werden müsste, berührte sie anscheinend kaum. Der Sohn kümmerte sich nach seinen Möglichkeiten um seine Mutter und war tief betroffen, dass es in Gesprächen vorwiegend um die Enttäuschung seiner Mutter darüber ging, dass er dieses Haus nicht haben wollte und halten konnte.

- **Ein Symbol für Glück**

Im herkömmlichen Sinne war dieses Haus nicht ein Traumhaus, wie man es in Wohnzeitschriften findet. Für die Patientin war es aber ihr ganz persönliches Traumhaus und das Symbol für erarbeitetes Glück und Sesshaftigkeit nach einem unsteten Leben. Ihr Wunsch war es, wenigstens auf dem Friedhof des Dorfes, so nah wie möglich an dem Grundstück beerdigt zu werden.

Der Umzug in ein Alten- oder Pflegeheim bedeutet schon ein Abschiednehmen von der gewohnten Umgebung und Trennung von vielen Erinnerungsstücken, egal ob man ein Haus oder eine Wohnung verlässt. Mit dem Zimmer im Altenheim identifizieren sich nur wenige Menschen. Trotz aktueller Wohnsituation dort leben viele noch in der Erinnerung an das „eigentliche Zuhause" oder, besonders bei Demenzkranken, an das Zuhause der Kindheit. Der Umzug in ein Altenheim ist meist eine erzwungene Mobilität, unter der die Betroffenen, aber auch die Kinder leiden. Trauer, Schuldgefühle, Angst begleiten diesen Weg. Teilweise wird dieser schwierige Weg auch noch von Kommentaren Außenstehender begleitet, die den Kindern Vorwürfe machen, von „Abschiebung" sprechen, die Entscheidung der Betroffenen anzweifeln.

Eine Firma von Treppenliften wirbt im Radio mit einem Liebesgedicht. Erst im letzten Satz erfährt der Zuhörer, dass nicht die Angebetete gemeint ist, die der Sprecher nie verlassen will, sondern das Haus. Diese Liebeserklärung verdeutlicht, was es für fast alle alten Menschen bedeutet, das Haus zu verlassen. Die Externalisierung von Gefühlen für das eigene Selbst und die Externalisierung der Sorge um Angehörige auf das Haus, hat auch Hirsch (2006) beschrieben.

Das Auflösen der elterlichen Wohnung und das Ausräumen (von Erinnerungsstücken) ist wiederum Trennungsarbeit beziehungsweise Trauerarbeit. Mit der Beisetzung erfolgt der erste Teil des Abschieds, der Abschied von der Körperlichkeit auf dieser Erde. Mit dem Auflösen der Wohnsituation, dem Verkaufen, Verschenken und Entsorgen des Inventars erfolgt ein weiterer Teil des Abschieds, der noch wesentlich schmerzhafter sein kann. Vieles erinnert an die eigene Kindheit, vieles an die ganz persönliche und private Lebensgestaltung der Eltern. Aus psychotherapeutischer Sicht ist das komplette Entsorgen von allem, sowie das Aufbewahren von allem problematischer, als die Entscheidung zu treffen, was bleiben soll und darf und was nicht.

- **Abschied nehmen im Todesfall erfolgt in mehreren Schritten**

Beisetzung-Wohnungs- oder Hausauflösung-Erbe.

Die Weitergabe für „gute Zwecke" ist für viele leichter als die Entsorgung. Ein Krankenhausseelsorger berichtet, dass der Verbleib persönlich wichtiger Dinge häufig Thema in den letzten Gesprächen mit Patienten ist. Nicht selten werden ihm diese Dinge dann anvertraut, er möge sie „in gute Hände geben", an Bedürftige. Nimmt er sie an, beruhigt das. Immer wieder ist auch das Haus Thema in diesen letzten Gesprächen, wie schwer der Abschied davon ist, wer darin zurückbleibt.

Verkauf des Elternhauses, Vermieten, Verteilen des Erbes setzt die Trennungsarbeit fort. Bei Erbstreitigkeiten wird im übertragenen Sinn die Liebe der Eltern nochmal (ungerecht) verteilt und bietet erneut Raum für Geschwisterrivalität.

Ein Immobilienmakler berichtet:

> „Der Verkauf oder der Kauf eines Hauses hat immer etwas mit Glück oder Unglück zu tun."

Viele Häuser werden bei Scheidung, Insolvenz, Versetzung, Alter, Krankheit und Tod verkauft, also in Endzeitstimmung. Der Kauf eines Hauses erfolgt häufig bei Heirat, Familiengründung, beruflichem Aufstieg, Geldsegen oder als Anlage, also Neubeginn oder einer Veränderung zum Positiven. „Wenn Verkäufer und Käufer aufeinandertreffen, gibt es schon mal bewegende Szenen."

7.2 Das Denkmal

> „Damit wollte er sich ein Denkmal setzen."

Das bedeutet, damit wollte er sich unsterblich machen und über den Tod hinaus etwas Bleibendes hinterlassen. Wer will das nicht? Überall auf der Welt existieren Denkmäler berühmter Politiker, Schriftsteller, Musiker etc. Für weniger berühmte Menschen kann das Haus das Denkmal sein. So manche wissenschaftliche Karriere hat den Gedanken des Denkmals in Form einer weltbewegenden Erfindung als Ursprung und Motivationsquelle. Der Wunsch nach Weiterleben in welcher Form auch immer ist menschlich, wenn nicht in Form einer Idee, einer Erfindung, eines Musikstücks, eines Buches, dann in materieller Form wie der eines Hauses, einer Kirche, eines Obelisken, eines Denkmals oder eines Grabsteines. In seinen Kindern hinterlässt der Mensch ebenfalls ein (lebendes) Denkmal. Was wir für unsere Kinder tun, ist eine Form der Investition in ein Denkmal. In so manchen Testamenten besteht das Denkmal in genauen Anweisungen an die Erben. Es gibt unendlich viele Möglichkeiten, sich im Positiven und Negativen ein Denkmal zu setzen. All unsere Denkmäler wären unnötig, gäbe es den Tod nicht. Wir brauchen Stellvertreter nach dem Tod, sonst wäre das Leben zu kurz. Für manche Patienten ist es im Sterbeprozess ein großes Problem, keine Nachkommen zu haben.

Beispiel
Frau Huber (geb. 1954) hat eine gut gehende Anwaltskanzlei, die sie nun allmählich verkaufen möchte. Sie lebte nie in einer länger dauernden Partnerschaft und hat keine Kinder. Die Immobilien, die sie im Laufe ihrer Berufstätigkeit erworben hat, möchte sie an ihre Patenkinder vererben. Sie hat einen großen Freundeskreis und fühlte sich nie einsam. Kurz vor Eintritt in den Ruhestand erkrankt sie, für sie völlig ohne Auslösesituation, an einer Depression. Eigentlich freut sie sich auf den Ruhestand, sie möchte dann noch mehr reisen als zuvor.

Im Laufe einer Psychotherapie wird deutlich, dass Frau Huber das Gefühl hat, alles, was sie im Leben erschaffen hat, sei umsonst gewesen. Von ihr bleibe nichts übrig nach dem Tod. Die Patenkinder würden sich zwar über die Immobilien freuen, aber das sei ja nicht wirklich etwas von ihr Geschaffenes, die habe sie gekauft. Die Patenkinder seien auch nicht ihre leiblichen Kinder. Die Kanzlei werde mit dem Nachfolger auch nach wenigen Wochen weiterlaufen, ohne dass man sie vermissen und ihr Name noch an der Tür stehen würde.

Für Frau Huber lag die Lösung des Problems darin, dass sie eine Stiftung mit ihrem Namen gründen wollte, durch die junge alleinerziehende Frauen finanzielle Unterstützung während eines Studiums erhalten können. Sie selber hat beide Eltern zu Beginn des Studiums verloren und aus finanziellen Gründen im Alter von 22 Jahren eine Abtreibung vornehmen lassen. Sie möchte damit ein Teil ihrer Schuld abtragen, die sie ein Leben lang mit sich trug. Zusätzlich möchte sie durch die Kinder der Frauen in ähnlicher Situation wie sie damals, etwas Lebendes hinterlassen, zusätzlich zu ihren Immobilien.

7.3 Das Sterben

Mehr Menschen haben Angst vorm Sterben, als Angst vor dem Tod. Häufig ist die Angst vorm Alleinsein in dieser Phase, Angst vor Leiden und Schmerz. Medizinische Möglichkeiten können Leiden und Schmerz zunehmend lindern, Einsamkeit und Alleinsein ist ein psychosoziales Problem und durch moderne Medizin nicht lösbar.

Beispiel
Frau Schmitz (geb. 1956) ist von Beruf Künstlerin, die erwachsenen Kinder leben in anderen Städten, der Kontakt ist nicht eng. Von dem Vater der Kinder ist sie seit 20 Jahren geschieden. Im Alter von 50 Jahren kaufte sie sich eine Eigentumswohnung in einer Mehrgenerationen-Wohnanlage und fühlt sich dort sehr wohl. Vor einigen Jahren hat sie einen neuen Partner kennengelernt, nun hat sie die Diagnose einer Karzinomerkrankung mit sehr schlechter Prognose erhalten. In der Klinik wird ihr vermittelt, dass es keine Heilung gibt, sondern nur palliative Möglichkeiten. Der Partner bietet ihr an, sie in seinem Haus zu pflegen. Frau Schmitz lehnt das ab, sie möchte in der Mehrgenerationen-Wohnanlage bleiben bis zum Tod. Die Kontakte dort sind für sie wichtiger als der Partner und die Kinder. Der Partner zieht daraufhin ebenfalls in die Mehrgenerationen-Wohnanlage und wird durch die Bewohner in der emotionalen Begleitung der Patientin und später in der Pflege sehr unterstützt.

Die aktuellen Kontakte sind wichtiger als die familiären Bindungen, der Zusammenhalt, das Team zählt. Frau Schmitz hatte den Mut, sich in eine moderne Wohnform einzukaufen. Von der Gemeinschaft wurde der neue Partner aufgenommen. Einsamkeit erlebte sie nicht im Sterbeprozess, sondern ein „Aufgehoben sein" bis zum Ende. Der Partner verkaufte nach ihrem Tod sein Haus und übernahm ihre Wohnung.

Die Zeitschrift Psychotherapie im Dialog (2019) widmet dem Thema „Psychotherapie am Lebensende" eine ganze Ausgabe. Das Lebensende und das Sterben betrifft nicht nur alte Leute, sondern durch Erkrankungen und Unfälle jede Altersstufe. Wo und wie ein Mensch stirbt, unter welchen Umständen, in welcher Umgebung, zuhause oder in einer Institution, ist für die Angehörigen wichtig. Es kann von Schuldgefühlen befreien, wenn die Mutter zu Hause gestorben ist, oder Schuldgefühle verursachen, wenn die Pflege von der Familie nicht mehr zu Hause „gestemmt werden" konnte. Durch die zunehmend geforderte berufliche Mobilität und den Wertewandel in der Gesellschaft wohnen selten mehr als zwei Generationen unter einem Dach oder am gleichen Ort. Nicht erst die Überlegung, wo die Beisetzung stattfinden soll und wer die Grabpflege übernimmt, sind bei unterschiedlicher Sesshaftigkeit Thema, auch die Begleitung bis zum Lebensende.

7.4 Das Grab

> „Wo wird einst des Wandermüden
> letzte Ruhestätte sein?
> Unter Palmen in dem Süden?
> Unter Linden an dem Rhein?
> Werd' ich wo in einer Wüste
> eingescharrt von fremder Hand?
> Oder ruh' ich an der Küste
> eines Meeres in dem Sand?
> Immerhin mich wird umgeben
> Gottes Himmel dort wie hier,

und als Totenlampen schweben
nachts die Sterne über mir."
(Heinrich Heine, 1797–1856, Grabspruch auf seinem Grab in Paris, Conradi 1992, S. 322)

> **Bestattung**
>
> Eine Bestattung (auch Beisetzung, Beerdigung oder Begräbnis) ist die Verbringung eines Leichnams oder der Asche eines Verstorbenen an einen festen, endgültig bestimmten Ort in der Erde oder die Ausbringung der Asche in die Natur.

Spätestens beim Sterben machen sich die meisten Menschen Gedanken über ihre letzte Sesshaftigkeit, zum Beispiel über das Grab. Friedhöfe haben zunehmend Leerstände, Feuerbestattung liegt im Trend. Urnengräber sind kostengünstiger als herkömmliche Gräber, Bestattungen im Friedwald etc. nehmen noch weniger Platz weg und ersparen den Erben die Grabpflege.

Anonymer, unauffälliger, kostengünstiger, nachhaltiger? Das Denkmal des Grabsteins entfällt zum Teil. Die letzte Sesshaftigkeit wird verwischt.

- **Vom Preis der letzten Sesshaftigkeit**

Am Grab wird „Der Preis der Sesshaftigkeit" nochmal deutlich. Je nach Stadt kostet es immense Summen, ein Grab für einige Jahre „zu kaufen". Die Beerdigung findet erst statt, wenn die Liegezeit von den Erben für die nächsten Jahre im Voraus bezahlt wurde. Versicherungen bieten ihren Service an. In Testamenten, Vollmachten etc. wird das geregelt. So einfach ist es nicht, die Sesshaftigkeit auf dieser Erde zu verlassen.

Beispiel

Frau Krische (geb. 1965) kommt in Therapie aufgrund einer depressiven Episode. Sie hat vor einem Jahr aufgrund von Schwierigkeiten am Arbeitspatz ihre Stelle als Sekretärin gekündigt, vor 18 Monaten ist ihre Mutter verstorben. Diese hat sie liebevoll bis zur Selbstaufgabe gepflegt, die letzten 3 Jahre lebte die Mutter in einem Altersheim. Aufgrund einer zunehmenden Demenz war die Pflege im eigenen Haus nicht mehr möglich, das wurde bereits vor 3 Jahren zur Finanzierung des Pflegeheimes verkauft. Die Mutter konnte sie bisher nicht betrauern, die Schwierigkeiten am Arbeitsplatz standen im Vordergrund. Mittlerweile hat Frau Krische eine neue Arbeitsstelle, in der sie sehr glücklich ist. Die Tante, die mit der Mutter in einem Doppelhaus lebte, die Mutter lebte in der rechten, die Tante in der linken Doppelhaushälfte, verstarb vor einigen Wochen. Bei der Urnenbeisetzung in einer Urnenwand wurde die Urne der Tante im „Fach" neben der Mutter beigesetzt. „Jetzt leben sie wieder wie in einem Doppelhaus". Die Trauer um die Mutter war jetzt möglich.

Die Assoziation an das Doppelhaus macht bei Frau Krische die Trauerarbeit nun möglich. Trauer ist mit einer Lokalisation verbunden, mit einer Wohnsituation. Die letzte Ruhestätte ist mit der Situation ihrer Kindheit verbunden, Mutter und Tante wohnten in einem Doppelhaus. Bisher hatte sie immer auf die Frage, ob der Verkauf ihres Elternhauses ihr etwas ausmache, mit „nein" geantwortet. Nun fand sie es äußerst irritierend, in der Kirche bei der Beerdigung neben den Käufern der Doppelhaushälfte ihrer Mutter zu sitzen. Die Beerdigung der Tante hatte außer der innerpsychischen Entwicklung der Patienten noch eine weitere Folge. Eine andere Tante entschloss sich, ebenfalls in dieser Urnenwand einen Platz zu reservieren, „damit die Familie wieder zusammen wohnt".

Auch die christliche Jenseitshoffnung ist an das Bild einer Immobilie gebunden. So heißt es in einer „Abschiedsrede" von Jesus im Johannes-Evangelium (14,2): „In meines Vaters Haus sind viele Wohnungen."

7.4 · Das Grab

- **Je nach Kultur fällt die Grabstättengestaltung unterschiedlich aus**

In der Exkursionsreihe „Außergewöhnliche Friedhöfe in Köln" lädt die Volkshochschule zu einem Rundgang über einen Friedhof der Domstadt sein. „Ungemein beeindruckend sind dort die Grabanlagen der Sinti und Roma".

Einige Bevölkerungsgruppen ohne festen Wohnsitz, wie z. B. Sinti und Roma, haben eine Beerdigungskultur, die das Gegenteil der mobilen Lebensweise darstellt. Es werden regelrechte Grabhäuser aus Marmor errichtet, auf Bänken davor werden Familienfeste abgehalten. Das, was zu Lebzeiten nur mit mobilen Heimen möglich war, findet nach dem Tod einen festen geographischen Platz.

- **In unserer westlichen, noch vorwiegend sesshaften Kultur findet gerade genau das Gegenteil statt**

Eltern wollen ihre mobilen Kinder, die häufig nicht mehr am Ort des Familiengrabes wohnen, weder finanziell noch alltäglich mit Grabpflege belasten. Anonyme Urnenbestattung oder „Verstreuen" in einem Friedwald kommen immer mehr in Mode. Auf den Friedhöfen werden immer weniger Erdgräber verkauft, was Friedhöfe unrentabel macht. Als Reaktion erhöhen die Verwaltungen die Preise, was den Trend noch verstärkt. Auch Friedhofsgärtner und Steinmetze fürchten um ihre Zukunft.

Die Kultur der Feuerbestattung und Urnenbeisetzung weitet sich aus, nachdem die katholische Kirche dies nach dem 2. Vatikanischen Konzil (1962–1965) akzeptierte. Derzeit liegt der Anteil der Feuerbestattungen bei knapp 80 %. Außer in Erdgräbern werden Urnen zunehmend auch in Urnenwänden auf Friedhöfen und in Gebäuden beigesetzt, sogenannten Kolumbarien. Häufig sind Kolumbarien entwidmete Kirchen, in denen Grabpflege entfällt. Allerdings betreiben nicht nur kirchliche Träger Kolumbarien. Auch Kommunen richten zunehmend Kolumbarien ein.

Vermehrt betreiben private Unternehmen, wie zum Beispiel Bestatter, unter der Trägerschaft von Kommunen und Kirchen Kolumbarien. Ein norddeutscher Unternehmer richtet gegenwärtig in einem alten Kornspeicher einer Hansestadt ein Kolumbarium ein. Urnen sollen dort in einem siebenstöckigen denkmalgeschützten Haus ihr letztes Zuhause finden. Hochwertige Kunst soll ein museales Ambiente schaffen. Auch die Urnenkammern selbst können von den Klienten, seien es die später Versterbenden selbst noch zu Lebzeiten oder die Angehörigen, so gestaltet werden, dass das Grab dem Besucher eine Geschichte erzählt. So sollen die Grabkammern durch Einrichtung von „Ich-Ausstellungen" zu Kunst werden. Auch die Lebenden sollen diesen Ort gerne aufsuchen, ähnlich wie bei den Grabstätten der Sinti und Roma.

Man könnte fast annehmen, unsere immer mobiler werdende Gesellschaft lehnte sich an die Gewohnheiten der traditionell nicht sesshaften Bevölkerungsgruppen an, sich nach dem Tod doch noch eine feste Bleibe zu gestalten.

Auf alten Friedhöfen der Großstädte Europas findet man Hinweise auf die Gräber berühmter Menschen, z. B. Dichter, Musiker, Gelehrte etc. An Blumen oder anderen Geschenken auf den Gräbern sieht man, dass die Möglichkeit des „Besuchens" von wichtigen Personen, die einen vielleicht im Leben geprägt haben, kein seltenes Bedürfnis ist. So auch am Grab von Heinrich Heine in Paris.

- **Die Bedeutung des Haustieres**

Zunehmend entsteht auch der Wunsch mancher Patienten, zusammen mit einem lieb gewordenen Haustier bestattet zu werden. Hunde oder Katzen nehmen teilweise eine ähnliche Wertstellung wie ein Familienmitglied ein, nicht nur was die Art der Tierhaltung, den finanziellen Aufwand dafür, sondern auch was die emotionale Bindung betrifft. Auf manchen Friedhöfen ist es mittlerweile bei Feuerbestattung erlaubt, dass sich Mensch und Tier ein Grab teilen, wie zu Lebzeiten das Zuhause.

7.5 Das Erbe

Erbe, Hinterlassenschaft, Nachlass verbindet man zunächst mit Finanzen. Im juristischen Sinn kann man ein Erbe annehmen oder abschlagen, was jedoch den finanziellen Aspekt betrifft. Im übertragenen Sinne, den Wunsch oder den Auftrag eines Verstorbenen nicht zu erfüllen, bedeutet mehr als nur eine Unterschrift.

Beispiel
Herr Marten (geb. 1950) musste seiner Mutter am Sterbebett versprechen, sich als ältester Sohn um den zurückbleibenden Vater und besonders um die behinderte jüngere Schwester zu kümmern. Damals war er 14 Jahre alt und hat bis heute dem Wunsch der Mutter entsprechend gehandelt. Sein jüngerer Bruder und seine eigene Familie (Frau und vier Kinder) finden seine Fürsorge dem Vater und der Schwester gegenüber übertrieben. Lukrative und karrierefördernde Stellenangebote schlug er aus, wenn sie nicht in Wohnortnähe des Vaters und der Schwester lagen. Bei Urlaubsplänen der Familie ging es immer nur um die Wünsche dieser beiden, selbstverständlich fuhren sie mit. Fremde Hilfe im Haus lehnte der Vater kategorisch ab. Als Herr Marten einen Bandscheibenvorfall erlitt, konnte er sich die Zeit für einen stationären Aufenthalt nur schwer zugestehen.

„Ich habe ein schweres Erbe", waren die ersten Worte von Herrn Marten, als er im Rahmen einer multimodalen Schmerztherapie ein psychotherapeutisches Gespräch wahrnahm. Im finanziellen Sinne stimmte das zwar auch, Herr Marten meinte es aber anders. Seine Bindung an die Mutter war extrem eng, ihren frühen Tod hat er bis heute nicht verarbeitet. Die letzten Worte seiner Mutter „wirken nach, wie eingebrannt in ihren Grabstein".

Erbstreitigkeiten um Geld in Familien sind die häufigste Ursache für Kontaktabbruch zwischen den Geschwistern. Entweder besteht der (meist unbewusste) Wunsch nach dem Tod der Eltern, das zu bekommen, was man (meist in anderer Form) immer schon vermisst hat, oder es soll möglichst viel von den Eltern erhalten bleiben.

Nicht selten vermischt sich das gegenständliche Erbe mit einem ausgesprochenen Auftrag, z. B.: „Verkauf nie dieses Haus.", oder mit dem Wissen der Kinder, was die Eltern gewollt hätten.

Zusammenfassung
Am Ende des Lebens wird das Thema Sesshaftigkeit und die Auflösung des letzten Zuhauses von den Betroffenen und deren Angehörigen, unterschiedlich erlebt und gestaltet. Die Immobilie, der letzte Wohnort zu Lebzeiten, und die Wahl und Gestaltung des „neuen Wohnortes nach dem Tod" sagen viel über das Lebenskonzept des Menschen aus.

Literatur

Heine H (1992) Wo? In: Conrady KO (Hrsg) Das große deutsche Gedichtbuch, 2. Aufl. Artemis und Winkler, München Zürich
Hirsch M (2006) Das Haus, Symbol für Leben und Tod, Freiheit und Abhängigkeit. Psychosozial, Gießen
Psychotherapie im Dialog (2019) Psychotherapie am Lebensende. Thieme, Kempten
Thurmair G (2014) Wir sind nur Gast auf Erden. Lied 505. Gotteslob. Katholisches Gebet- und Gesangbuch, Ausgabe für das Erzbistum Köln, 2. Aufl. Katholische Bibelanstalt, Stuttgart

Schlussfolgerungen für den therapeutischen Prozess

8.1 Anforderungen an den Therapeuten – 74

8.2 Gemeinsame Anforderung an Therapeut und Patient – 76
8.2.1 Therapieziel – 76
8.2.2 Aufgabenverteilung – 77
8.2.3 AIDA Modell plus Compliance – 79

8.3 Kombination verschiedener Verfahren – 82

8.4 Generationenthema für Patient und Therapeut, transgenerationale Prägungen – 83

8.5 Bio-psycho-soziales Modell – 84

8.6 Fragen zu Mobilität und Sesshaftigkeit (Immobilie) in der Anamnese – 88

8.7 Therapie in einer Fremdsprache – 93

8.8 In der Palliativsituation, Erbe – 95

8.9 Chronischer Schmerz – 95

Literatur – 97

© Springer-Verlag GmbH Deutschland, ein Teil von Springer Nature 2019
B. Vill, *Vom Preis der Sesshaftigkeit*, Psychotherapie: Praxis,
https://doi.org/10.1007/978-3-662-58943-4_8

Die in den vorherigen Kapiteln besprochenen Themen betreffen den Einzelnen, seinen biographischen Hintergrund, seine Generationenzugehörigkeit und die gesellschaftlichen Aspekte. Was aber haben diese Themen für eine Auswirkung auf den therapeutischen Prozess? Was muss oder soll anders gemacht werden, als wir Therapeuten es vielleicht vor Jahren oder Jahrzehnten gelernt haben? Die Welt ist im Wandel und damit auch die Arbeitswelt, auch unsere. Sie sollte und muss an die Bedürfnisse der Patienten angepasst werden. Dieses Kapitel möchte Sie ermutigen, neue Aspekte in Ihre Arbeit aufzunehmen oder Sie bestärken, bereits eingeschlagene Wege weiterzugehen.

8.1 Anforderungen an den Therapeuten

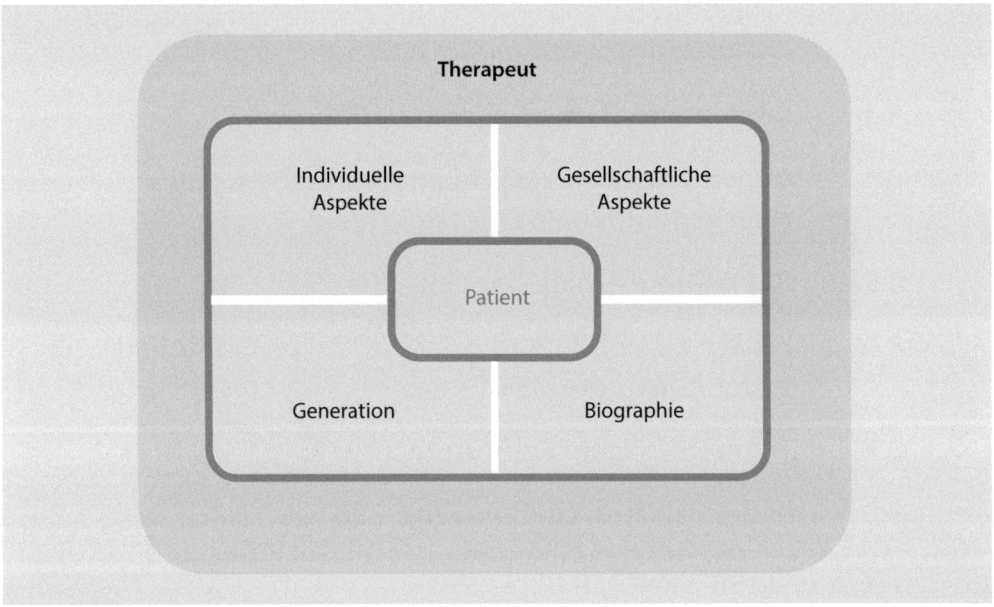

Schon immer wichtig, aber angesichts der Verschiedenartigkeit der Patienten und der Vielschichtigkeit der Herausforderungen der heutigen Arbeitswelt sind folgende Punkte wichtiger denn je: Selbsterfahrung des Therapeuten oder Intervision im Kollegenkreis und Supervision.

Um qualifiziert eine Therapie mit unseren Patienten durchführen zu können, müssen wir unsere eigenen individuellen und biographischen Aspekte kennen, auch zu dem Thema Sesshaftigkeit und Mobilität. Des Weiteren ist zu berücksichtigen, zu welcher Generation der Therapeut gehört und zu welcher der Patient. Für ältere Therapeuten ist natürlich die Sichtweise der Individualisten oder Babyboomer vertraut, für jüngere die der Generation X oder Y (s. ▶ Kap. 4). Patienten haben häufig den Wunsch, zu jemand älterem oder zu einer jüngeren Person in Therapie zu gehen. Unsere Aufgabe ist es, sicherzustellen, dass die Qualität der Arbeit unabhängig von der Konstellation der Generation ist. Themen werden, bei guter Ausbildung des Therapeuten, lediglich vielleicht in anderer Reihenfolge besprochen, aber alle Aspekte werden in die Therapie mit einbezogen.

8.1 · Anforderungen an den Therapeuten

Für den therapeutischen Prozess äußerst wichtig zu unterscheiden ist, ob ein individuelles Problem aufgrund der Persönlichkeit und Familienstruktur des Patienten vorliegt, oder ob ein Teil seiner Probleme nicht nur individuell, sondern auch gesellschaftlich und politisch zu erklären ist. Dazu muss der Therapeut z. B. über die aktuelle Lage auf dem Arbeitsmarkt informiert sein oder sich, generell ausgedrückt, in die Lage der Patienten versetzten können oder sich darüber informieren. Die Patientenklientel in den letzten Jahrzehnten ist inhomogener, vielschichtiger, internationaler geworden. Dies bedeutet eine Herausforderung für den Therapeuten. Manche Therapien werden evtl. auch auf Englisch oder einer anderen gemeinsamen Fremdsprache geführt. Bei unaussprechlichen Gefühlen ist umso mehr auf Übertragung und Gegenübertragung zu achten.

Auch die Geschlechterverteilung in der Patientenklientel hat sich geändert. Zunehmend begeben sich auch Männer in psychotherapeutische Behandlungen. Die meisten Therapeuten sind weiblich. Aufgrund einer auch im Jahr 2019 noch anderen Rollenverteilung in der Gesellschaft und aufgrund unserer transgenerationalen und kulturellen Prägungen, unserer Erziehung und Sozialisierung, differieren die Themenschwerpunkte von Männern und Frauen. Bei einer gleichgeschlechtlichen Patient-Therapeut Konstellation werden die Themen in einer anderen Reihenfolge besprochen als in einer gemischtgeschlechtlichen. Trotzdem werden im Laufe der Zeit alle relevanten Themen bearbeitet.

Die Erwartungen der Patienten an den Therapeuten sind hoch und spiegeln sich gegebenenfalls in Bewertungen im Internet. Zusätzlich zu der gesteigerten Anforderung an den Therapeuten im direkten Kontakt mit dem Patienten kommen noch weitere gestiegene Anforderungen hinzu. Die Krankenkassen verlangen kürzere und „effizientere" Therapien, die Dokumentationspflicht hat zugenommen, Formalitäten nehmen einen zunehmenden Raum in Therapien ein. Datenschutz muss dokumentiert werden.

■ Psychosomatik ist ein Querschnittsfach

Besonders am Herzen liegt mir die interdisziplinäre Aufgabe von Psychosomatik und Psychotherapie. Viele psychische Probleme äußern sich in körperlichen Beschwerden. Bei Unkenntnis der psychischen Hintergründe von Patienten auf Seiten der behandelnden Kollegen aus Innerer Medizin, Orthopädie etc. und überproportionaler Abklärung im körperlichen Bereich, wird die Chronifizierung von Erkrankungen begünstigt. Die unnützen immensen Kosten für das Gesundheitssystem sind ein zusätzliches Problem. Immer noch wird viel zu spät die psychische Abklärung bei körperlichen Erkrankungen in Betracht gezogen. Psychische und somatische Abklärung sollten parallel erfolgen. Damit vermeidet man die Abwehr und Stigmatisierung der Patienten. Wenn Patienten eine Psychotherapie („Sie haben nichts Organisches, gehen Sie mal zum Psychotherapeuten!") empfohlen wird und sie sich (erst mal sehr skeptisch) in Therapie begeben, hat dies eine schlechtere Compliance zur Folge. Wir Psychotherapeuten sollten Rückmeldung an die überweisenden Kollegen (mit Einverständnis der Patienten) geben. Nur so kann für die Zukunft eine konstruktive Zusammenarbeit aller Fachbereiche sowie Vertrauen und Motivation des Patienten in und zu einer Psychotherapie gewährleistet werden.

Auch Therapeuten müssen mobiler werden in ihrer Einstellung gegenüber den Patienten. Psychotherapeutische Begriffe wie Abstinenz und Neutralität müssen neu definiert werden. Im Februar 2019 fand in Bologna ein Psychoanalytischer Kongress zu diesem Thema statt, der „3. Internationale Dialog". Die Entwicklung eines gesunden Selbst beim Patienten verlangt, dass sich auch der Therapeut mit seinem gesamten Selbst in der Therapie zeigt, ohne natürlich Abstinenz und Neutralität zu vernachlässigen. Ein interdisziplinärer Austausch zum Beispiel war viele Jahrzehnte nicht üblich in der Psychotherapie. Ebenso darf man durchaus die ein oder andere persönliche Frage des Patienten beantworten, wenn es zur Situation in der Therapie passt und nicht den persönlichen Bedürfnissen des Therapeuten dient. In Zeiten zunehmend geforderter beruflicher

Mobilität ist eine übliche Terminvereinbarung in der Psychotherapie „einmal pro Woche" oft nicht durchführbar. Auswärtstermine der Patienten, Schulungen, spontane Terminveränderungen verlangen Flexibilität von beiden Seiten. Die in der Psychotherapie übliche Vergabe eines festen Termins an einem bestimmten Wochentag (z. B. immer mittwochs um 15 Uhr) kann oft nicht eingehalten werden.

Ein gemeinsames Arbeitsbündnis mit dem Patienten soll geschlossen werden, dazu bedarf es eines gewissen Grades an Vertrauen und „Augenhöhe", ohne die klare Unterscheidung Patient-Therapeut zu vernachlässigen.

8.2 Gemeinsame Anforderung an Therapeut und Patient

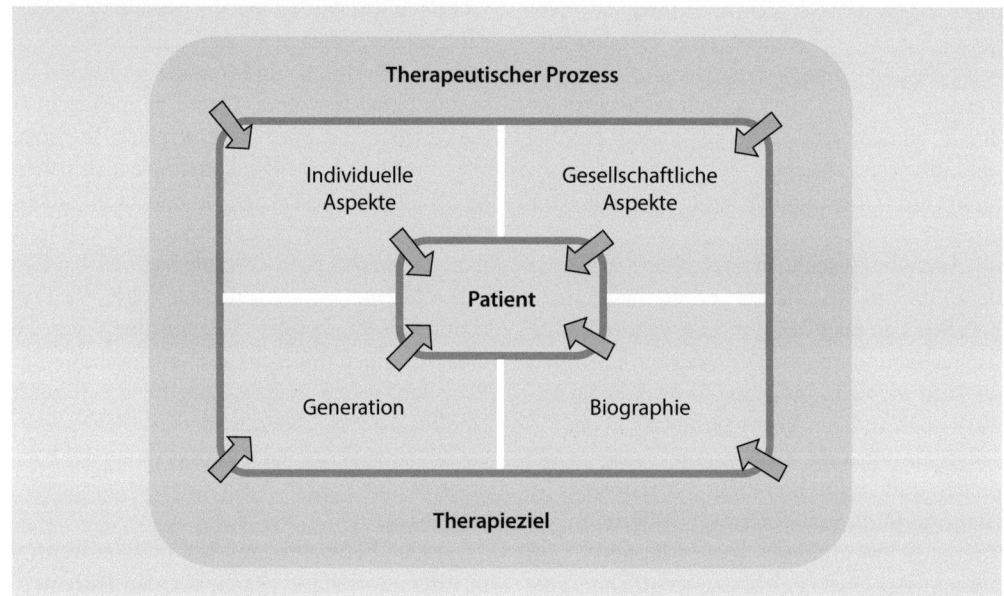

8.2.1 Therapieziel

Eine wichtige Frage zu Beginn einer Therapie ist: Warum kommt der Patient jetzt (nicht vor Monaten oder Jahren) in Therapie und was ist sein Therapieziel? Ist er geschickt worden nach unergiebiger körperlicher Diagnostik oder hat er selbst die Vermutung, dass die Psyche eine Rolle spielt?

Biographische und individuelle Aspekte des Patienten sind Gegenstand einer psychotherapeutischen Behandlung. Es geht um Veränderung einer Denk-, Fühl- oder Handlungsweise. Es geht um das Zulassen von Affekten, Beleuchten von Abwehrmechanismen, Korrigieren von Beziehungserfahrungen etc., Ver- und Bearbeiten traumatischer Erlebnisse. Was ist aber durch eine Psychotherapie änderbar und zu beeinflussen und bei welchen Aspekten geht es um den Umgang mit nicht zu beeinflussenden Situationen? Dazu gehören die gesellschaftlichen und generationalen Bereiche.

Coping or Curing

In der Therapie chronischer Schmerzpatienten zum Beispiel geht es häufig um den Umgang mit dem Schmerz und darum, dass eine völlige

Schmerzfreiheit leider nicht zu erreichen ist. Dann gilt:

Coping not Curing

Gleiches gilt bei der Therapie mit onkologischen oder Palliativpatienten.

Beim Thema Mobilität oder Sesshaftigkeit ist die Frage zum Beginn einer Therapie, was an der Situation änderbar ist und was nicht. Durch die Bearbeitung eines Grundkonfliktes wird häufig deutlich, was an der aktuellen Situation an Veränderungen nötig und möglich wäre. Was davon ist aber realistisch zu erreichen und was würde weitere Probleme, zum Beispiel existenzielle, hervorrufen? Es geht also um die Differenzierung: „coping or curing" oder „coping not curing" und im besten Fall um

Coping and Curing

Ralf Nickel und Ulrich Tiber Egle (1999) haben Ende der Neunzehnhundertneunziger Jahre ein Manual zur psychodynamisch-interaktionellen Gruppentherapie bei somatoformen Schmerzstörungen entworfen und seither ständig aktualisiert (Egle und Zentgraf 2017). Bausteine daraus sind auch in Einzeltherapien anzuwenden und nicht nur bei somatoformen Störungen.

In diesem Kapitel sind Teile aus diesem Manual abgeändert und auf das Thema des Buches abgestimmt. Da bei Konflikten im Bereich des Themas Mobilität und Sesshaftigkeit Somatisierungsstörungen häufig sind, hat sich das Übernehmen und Modifizieren einiger Ideen bewährt.

- **Realistisches Therapieziel**

So ist es zum Beispiel sinnvoll, sich zu Beginn einer Therapie zusammen mit dem Patienten auf ein realistisches Therapieziel zu einigen. Ebenfalls kann es sinnvoll sein, das Therapieziel zu unterteilen in

— ein körperliches (z. B. weniger Schmerzen),
— ein innerpsychisches (z. B. Angst- und Depressionsminderung) und
— ein interaktionelles (z. B. Konflikte innerhalb der Familie oder der beruflichen Situation ansprechen können)

und im Laufe der Therapie den Patienten zu fragen, wieviel Prozent dieser Ziele er schon erreicht hat. Die Idee, dies auf einem Zahlenstrahl zu verbildlichen, wird von einigen gerne aufgenommen.

Nach einer ausführlichen biographischen Anamnese unter Einbezug der individuellen, gesellschaftlichen/kulturellen und generationalen Aspekte kann der Therapeut beurteilen, worauf der Fokus in der Therapie zunächst einmal liegen sollte (Egle 1993).

- **Familien- und Paargespräche**

Eine Fremdanamnese durch Bezugspersonen oder ein Familien- oder Paargespräch zu Beginn der Behandlung sind für Patient, Therapeut und das private Umfeld eine Bereicherung. Die Angehörigen fühlen sich zunächst bei diesem Angebot vielleicht unbehaglich, da sie befürchten, eine Schuldzuweisung für die Problematik des Patienten zu erhalten. Wenn aber deutlich wird, dass auch ihre Meinung wichtig ist und Verständnis für ihre Situation aufgebracht wird, wird das Bild von der Situation des Patienten für den Therapeuten durch wichtige Informationen ergänzt. Häufig kommt es sogar zu dem Wunsch der Angehörigen, im Verlauf oder am Ende der Therapie solch ein Gespräch zu wiederholen. Gerade wenn es um die Funktion des Symptoms geht, bieten sich Familiengespräche an. Die Belastung durch das Symptom des Patienten (z. B. Angst) kann für das familiäre oder soziale Umfeld enorm sein (der Patient kann nicht mehr alleine aus dem Haus gehen und braucht immer Begleitung). Andererseits bedeutet das Symptom (z. B. Angst) manchmal die Entlastung des Patienten von konflikthaften Situationen (er kann die Schule nicht besuchen).

8.2.2 Aufgabenverteilung

Bei der Besprechung der gemeinsamen Therapieziele sollte auch noch über die Aufgabenverteilung zwischen Therapeut und Patient gesprochen werden. Dazu bietet sich das Wort

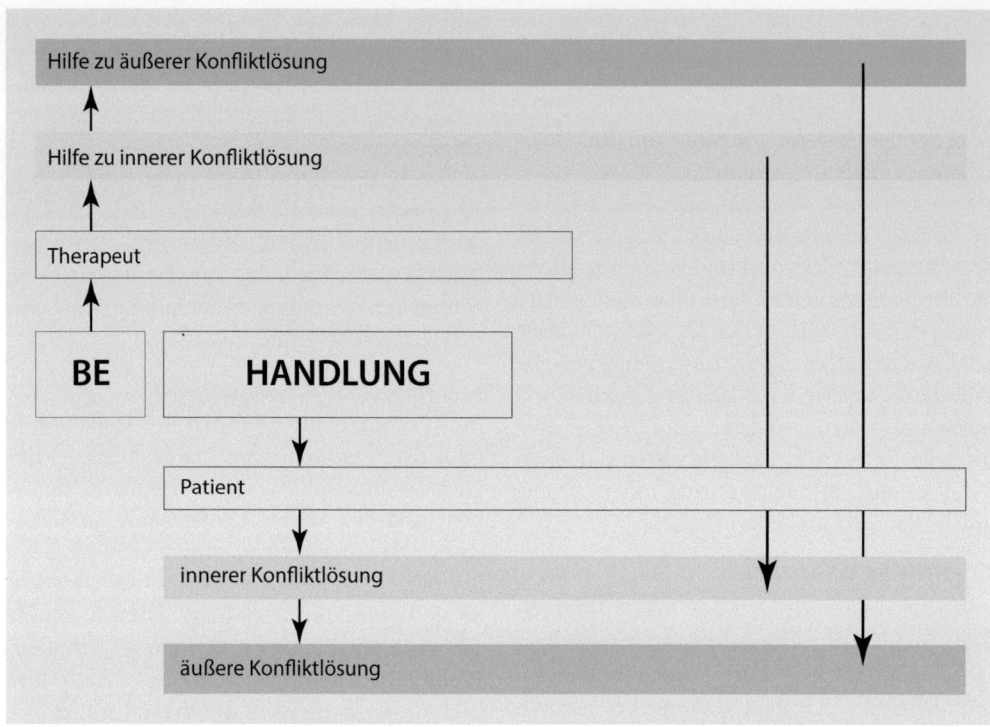

● Abb. 8.1 Behandlung: die Rolle von Therapeut und Patient innerhalb des therapeutischen Prozesses

„Be-Handlung" als Metapher an. Der Therapeut dient als „Katalysator". Er kann dem Patienten helfen, seine inneren Konflikte zu bearbeiten. Konflikte mit dem Umfeld des Patienten werden dadurch erklärbarer und eventuell lösbar. Der Patient entscheidet, nachdem ihm der innere Konflikt bewusst und spürbar geworden ist, was an äußerer Konfliktlösung wünschenswert oder überhaupt noch nötig wäre. Die Handlung liegt dann aber in der Verantwortung des Patienten, das kann der Therapeut nicht für ihn lösen (● Abb. 8.1). Auch wird er keine Handlungsanweisungen geben, wie zum Beispiel: „Machen Sie doch …". Handlungsmöglichkeiten können aber in der Therapie eröffnet werden im Sinne von: „Was glauben Sie würde passieren, wenn Sie das Haus verkaufen würden …", oder: „Was würden Ihre Eltern sagen, wenn Sie Ihre Stelle aufgeben und in das Heimatland zurückkehren würden …" Befürchtungen und auch Träume des Patienten werden durch solche Interventionen deutlich. Das ist nicht als Handlungsanweisung zu verstehen. Nach der
- diagnostischen Vorphase,
- der Informations- und
- Motivationsphase (Nickel und Egle 1999) folgt
- die Arbeitsphase.
  Je nachdem, ob der Patient sich akut zur Krisenintervention vorstellt, nach einem Klinikaufenthalt eine Stabilisierung des Therapieerfolges wünscht, oder aber im Sinne einer Rückfallprophylaxe „Handwerkszeug" benötigt, gestaltet sich die Arbeitsphase unterschiedlich.
- In der Transferphase erfolgt eine Art Bilanz der Therapie. Im Alltag soll die Erfahrung aus der Therapie umgesetzt werden. Der Patient wird im Idealfall ein Experte für sich selbst und handelt dementsprechend. Ein weiterer Austausch mit dem Therapeuten oder eine Gruppentherapie im Anschluss wäre ideal.

Von Patienten werden immer kürzere Psychotherapien gewünscht. Jeder Einzelne merkt die Arbeitsverdichtung bei oft weniger Personal am Arbeitsplatz oder die Doppelbelastung von Familie und Beruf oder ganz allgemein den Zeitmangel. Zunehmend wird nach Therapiestunden früh morgens oder spätabends gefragt, auch Hausärzte bieten Sprechstunden für Berufstätige zu diesen Zeiten an. Wenn die Symptome wie Angst, Panikattacken, Schlafstörungen, funktionelle Beschwerden einigermaßen im Griff oder seltener geworden sind, wird von Seiten der Patienten gerne die Therapie beendet, zur Stabilisierungsphase oder Rückfallprophylaxe kommt es nicht.

Der Wunsch nach Anonymität erhöht die Quote der Selbstzahler, immer noch ist eine Psychotherapie „in den Akten" beim Abschluss von z. B. Lebensversicherungen oder Berufsunfähigkeitsversicherungen ein Problem. Gerade Selbstzahler sind aus finanziellen Gründen an kurzen Therapien interessiert. Für den Therapeuten erhöht sich der Druck und die Ambivalenz, auf die verständlichen Wünsche seines Patienten einzugehen. Das kann im Gegensatz stehen zu seinem Wissen und seiner Erfahrung, dass nachhaltige psychotherapeutische Prozesse, gerade tiefenpsychologische, Zeit brauchen.

8.2.3 AIDA Modell plus Compliance

Das AIDA-Modell ist nicht unumstritten, ich habe jedoch gute Erfahrungen damit gemacht, dieses Modell in abgewandelter Form im therapeutischen Prozess einzusetzen. Ursprünglich wurde es für die Verkaufspsychologie entwickelt (Lewis 1903; Riedel 1992). Die Aufmerksamkeit des Käufers soll geweckt werden und damit sein Interesse an einem Produkt. Der Wunsch dieses Produkt zu besitzen soll dann zur Aktion, zum Kauf führen.

Um einem Patienten zum Beispiel den zeitlichen Ablauf einer Psychotherapie oder die Aufgabenverteilung innerhalb der Behandlung zu erklären, oder in der Patientenedukation über psychische Erkrankungen bietet sich eine Modifikation des AIDA-Modells an.

Auch der Therapeut wird zum Werbenden für eine sinnvolle Therapie. Er möchte Aufmerksamkeit beim Patienten erzeugen (**A**ttention) durch Information und Interesse wecken (**I**nterrest) durch Verstehen. Der Wunsch des Patienten sich einer Psychotherapie zu unterziehen (**D**esire) entsteht durch Akzeptanz der vom Therapeuten vorgeschlagenen Vorgehensweise. Schlussendlich soll eine, meist anders als bisher gestaltete Handlung des Gegenübers aktiviert (**A**ction) werden im Sinne der Compliance des Patienten (◌ Abb. 8.2).

- **Schmerz oder körperliche Symptomatik**
  Stress
  Beziehung

Das Verstehen hat in der Psychotherapie eine besondere Bedeutung. Häufig versteht der Patient eben zunächst nicht einen erkennbaren Zusammenhang zwischen einer Situation oder einem Konflikt und der Symptomatik. Bei erkennbarem Zusammenhang ist die Lösung leichter und eventuell auch ohne therapeutische Hilfe zu finden. In unserem Fachgebiet ist die Problematik häufig auf der (nicht auf ersten Blick offensichtlichen) Beziehungsebene zu finden. Es geht darum, Bindungen und Beziehungen zu hinterfragen, neue Beziehungsmuster zu entwickeln und neue Beziehungserfahrungen zu machen, z. B. eine Opferrolle zu verlassen. Es geht darum, Gefühle wahr- und ernst zu nehmen und Gefühle mit Symptomen in Verbindung zu bringen.

Um zu vermeiden, dass die Therapie an der Oberfläche bleibt und die Symptome nur kurzfristig, bis zur nächsten krisenhaften Situation, behoben werden, ist ein Verständnis des Patienten für die Wichtigkeit notwendig, „an die Wurzeln" und „an Gefühle" zu kommen. Bekommt der Patient diese Information, wird er das Besondere einer Psychotherapie besser verstehen. Information bringt Verstehen und bringt Akzeptanz. So wird die nötige Compliance des Patienten gefördert.

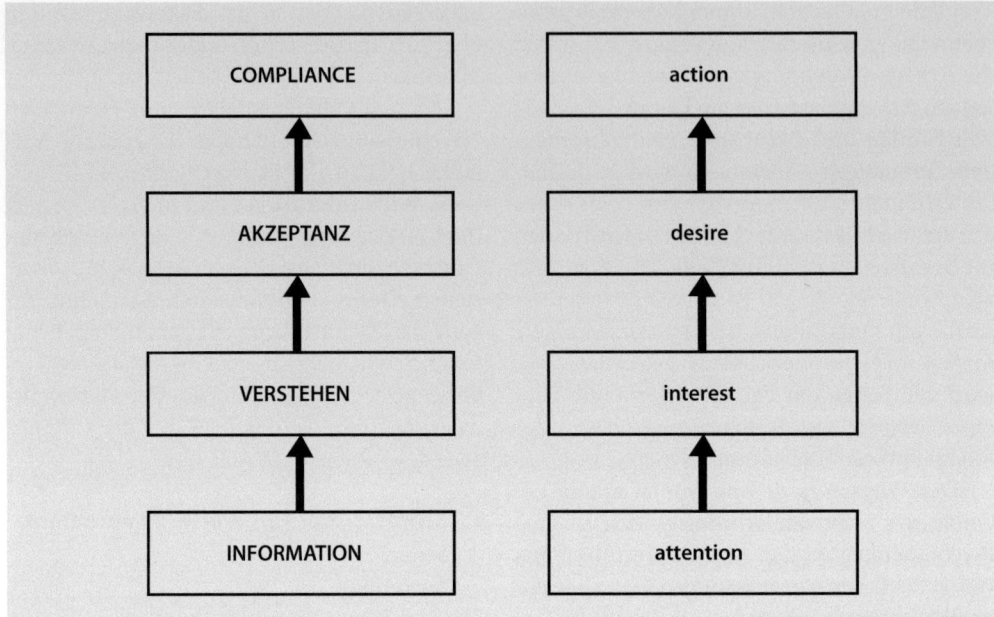

Abb. 8.2 AIDA Modell: Attention (Aufmerksamkeit erregen), Interest (Interesse wecken), Desire (der Wunsch etwas zu ändern, zu bewirken), Action (dies auch in die Tat um zu setzten) in Relation zum therapeutischen Prozess: Information durch den Therapeuten erzeugt Verstehen beim Patienten und damit Akzeptanz der Vorgehensweise und damit Compliance

Beispiel
Frau Mayer (▶ Abschn. 4.5), die ihre Arbeitsstelle aufgab, um den Familienbetrieb und das elterliche Haus „zu retten", erkannte einen deutlichen Zusammenhang zwischen ihrer Schmerzsymptomatik und den Gefühlen Wut, Ohnmacht, Hilflosigkeit, Trauer, Angst. Erst als sie diese Gefühle zulassen und für sich akzeptieren konnte, besserte sich die Schmerzsymptomatik. Die Handlung von Frau Mayer bestand darin, dass sie einen Verwalter für die Firma einstellte, wieder in eine große deutsche Hansestadt zog, ihrem erlernten Beruf mit internationalen Kontakten und ihren eigenen Interessen nachging. Nach Abschluss einer ambulanten Psychotherapie gründete sie eine Selbsthilfegruppe für chronische Schmerzpatienten.

Die Aufgabe der Arbeitsphase ist, dass der Patient von der Ohnmacht (der Situation gegenüber, die ihn in Therapie bringt) in die Selbstwirksamkeit kommt (Veränderung im Denken, Fühlen, Handeln), zunächst mit unserer Hilfe als Katalysator, dann ohne uns.

Für Patienten wirkt es extrem erleichternd, wenn für ihre Beschwerden ein Name existiert. Viele Schmerzpatienten sind über die Diagnose „Fibromyalgie" erleichtert, sogar manche Karzinompatienten über die Diagnose einer malignen Erkrankung. „Endlich weiß ich was ich habe, dann kann man etwas tun". Unsicherheit beunruhigt mehr als Gewissheit, selbst wenn diese negativ ist. Mit dem Patienten seine Diagnosen zu besprechen, ist ein wichtiges Zeichen der Wertschätzung. Er sollte wissen, welche Diagnose in seinem Arztbrief oder auf seiner Rechnung steht. Er sollte diese Diagnose vom Therapeuten erklärt bekommen und nicht im Internet selber Informationen einholen müssen. Die Bedeutung des Begriffes „Information" erstreckt sich also auch auf die Diagnose.

Die Diagnose „Fibromyalgie-Syndrom" zum Beispiel beschreibt ein seit mehr als drei Monaten bestehendes und nicht durch andere Erkrankungen erklärbares klinisches Erschei-

8.2 · Gemeinsame Anforderung an Therapeut und Patient

nungsbild von Ganzkörperschmerz an Muskeln, Sehnen und Gelenken, verbunden mit psychovegetativen Symptomen wie Schwächegefühl, wenig erholsamem Schlaf, Missempfindungen, eventuell auch kognitiven Symptomen. Über die Ursache sagt diese Diagnose erstmal nichts aus, psychosoziale Probleme liegen meist gleichzeitig vor. Dennoch wirkt die Diagnosestellung auf Patienten entlastend, da das Krankheitsbild erst einmal einen Namen hat.

Wenn sich die Symptomatik stabilisiert, verbessert, der Umgang damit gelernt wird, oder die auslösenden Probleme erkannt oder beseitigt sind, kommt die Phase des Erarbeitens und Beleuchtens von Strategien, die aus der Krise geführt haben. Ist der Patient wachsam für seine Gefühle und Bedürfnisse, kann das als Rückfallprophylaxe genutzt werden.

In der Rückfallprophylaxe geht es um folgende Fragen: Was kann ich tun und was muss ich vermeiden, um nicht erneut in eine ähnliche Krisensituation zu kommen? Welches „Handwerkszeug" habe ich im therapeutischen Prozess erlernt und muss es anwenden? Wie kann ich Konfliktbewältigungsstrategien anwenden oder für mich krisenhafte Situationen gar nicht erst aufkommen lassen (Antizipation)? Wie sage ich zum Beispiel meinem Chef, dass ich Aufträge gerne zeitnah erledige, aber mit ihm besprechen möchte, welches Projekt für ihn Vorrang hat?

Das klinische Erscheinungsbild bei Stress durch ein Zuviel oder Zuwenig an Mobilität oder Sesshaftigkeit ist vielfältig. Wie an den Fallbeispielen zu sehen ist, reagiert der eine mit einer Depression, jemand anders mit Angst und Panik, ein weiterer mit Somatisierungsstörungen etc. Ist dem Patienten sein innerer Konflikt im Laufe der Therapie bewusstgeworden, konnte er Zugang zu seinen Gefühlen bekommen, wird er wachsam geworden sein für auslösende Situationen. Wünschenswert ist, dass ein differenziertes emotionales Erleben diffuse körperliche Beschwerden bei Somatisierung ersetzt. Die Signale des Körpers sollten besser verstanden und als Hinweis statt als Bedrohung interpretiert werden.

Stressoren müssen überdacht, Bindungen und Beziehungen hinterfragt werden. Was ist vermeidbar oder veränderbar und was muss akzeptiert werden, welche Ressourcen stehen dafür zur Verfügung?

> » „Die Zeiten ändern sich, und wir ändern uns in ihnen:
> Tempora mutantur, nos et mutamur in illis!" (Ovid)

Vor 30 Jahren mussten sich zum Beispiel die Mütter rechtfertigen, die berufstätig waren, heute ist es genau umgekehrt. Vor 50 Jahren war es ungewöhnlich, die Sesshaftigkeit ohne existentiellen Grund aufzugeben, heute muss sich in vielen beruflichen Kreisen ein Arbeitnehmer ohne Auslandserfahrung rechtfertigen. Für den Therapeuten bedeutet das, zusätzlich zu seiner therapeutischen Erfahrung, ein Verständnis für die Generationenzugehörigkeit des Patienten zu haben. Nicht jeder hat die gleichen Einstellungen und Bedürfnisse wie viele andere seiner Generation.

Manche stressauslösenden Faktoren sind vermeidbar. In diesem Fall kann der Patient die AIDA-Regel auf sich selber anwenden. Eine Schülerin nach dem Schulabschluss kann sich fragen, ob ein Auslandsjahr wirklich ihre Aufmerksamkeit weckt und ihr Interesse. Hat sie wirklich den Wunsch, für ein Jahr nach Amerika zu gehen, oder macht sie das, weil es alle machen und sie denkt, sie müsse das auch tun? Bevor sie es dann auch wirklich macht, also in die Handlung kommt, wäre das zu überlegen und zu erspüren.

Ein interdisziplinärer Austausch des Therapeuten mit Kollegen aus den organischen Fachgebieten ist sinnvoll, z. B. eine Zusammenarbeit mit dem Hausarzt. Hier kann die AIDA-Regel ebenfalls angewandt werden. Viele Kollegen aus „organischen" Fachgebieten fühlen sich Patienten mit psychosomatischen Beschwerden gegenüber hilflos, da sie nicht viel für sie tun können. In dem Wissen, dass eine weitere organische und höchst wahrscheinlich überflüssige Abklärung und Diagnostik eher schädlich ist, sind auch sie erleichtert. Nach Aufmerksamkeit dem psychotherapeutischen Kollegen gegenüber, Interesse an dem was er sagt, dem Wunsch zusammen zu arbeiten, besteht „action" in dem Fall in einer aufmerksamen, abwartenden Haltung und nicht in weiterem Aktionismus.

In längeren Psychotherapien kann das Ende der Therapie, die zur „Heimat" wurde, vom Patienten als „Vertreibung" erlebt werden. Auch das wäre mit den Patienten zu thematisieren. Die Information und das Verstehen, dass der Patient nun ohne, oder mit nur seltener Unterstützung zurechtkommen wird, dass man ihm das zutraut, wird dann besser akzeptiert. Der Spruch, der dem amerikanisch-libanesischen Dichter und Philosophen Khali Gibran (1883–1931) zugeschrieben wird:

> „Solange die Kinder klein sind, gib ihnen Wurzeln, wenn sie älter geworden sind, gib ihnen Flügel"

lässt sich in gewisser Weise auch auf den psychotherapeutischen Prozess übertragen.

8.3 Kombination verschiedener Verfahren

Wie bereits in den meisten Kliniken, können auch im ambulanten Setting verschiedene Verfahren (z. B. Verhaltenstherapie, Tiefenpsychologie, Analytische Psychotherapie) kombiniert werden, sofern der Therapeut diese beherrscht oder mit Kollegen aus anderen Therapierichtungen zusammenarbeitet. Es geht um „Brückenschläge" zwischen den großen Therapieschulen (Trautmann-Voigt und Voigt 2017):
— Psychodynamische Therapieformen (tiefenpsychologisch fundierte Psychotherapie und Psychoanalyse)
— Verhaltenstherapie.

In Kliniken wird das durch verschiedene Personen geleistet, im ambulanten Setting muss das von einer Person erbracht oder organisiert werden. Die zusätzliche Kombination mit Sport und Entspannungstechniken erhöht nicht nur den körperlichen, sondern auch den psychischen Nutzen im Sinne von Selbstwirksamkeit der Patienten.

- **Sport und Entspannung**

Im Bereich der Schmerztherapie z. B. ist die Patientenedukation ebenfalls ein zentraler Baustein in multimodalen Programmen. Auch hier lässt sich die AIDA-Regel anwenden bzw. die Parallele: Information-Verstehen-Akzeptanz-Compliance. Die Bedeutung des informierten Patienten bei chronischen organischen Erkrankungen wie Diabetes oder Herz-Kreislauf-Erkrankungen ist mittlerweile bekannt, die Bedeutung der Patientenaufklärung über die Genese und den Verlauf psychischer Erkrankungen wird oft verkannt. Für Psychotherapeuten ist dies auch ungewohnt. Früher war es nicht üblich, Patienten Basiswissen über ihre Erkrankung zu vermitteln. Gerade beim Thema „zu viel an" Mobilität oder Sesshaftigkeit ist es entlastend, Patienten über die Bedeutung von Stress auf den Organismus aufzuklären.

- **Patientenedukation in Kombination mit Selbsterfahrungsanteilen**

Es ist sinnvoll, die Patientenedukation mit Selbsterfahrungsanteilen der Patienten zum Thema zu kombinieren, da nur Informationen, die mit Gefühlen gekoppelt sind, eine langanhaltende Wirkung haben.

Medizinisch-psychologische Zusammenhänge bei z. B. Panikattacken zu verstehen, hilft Patienten, diese auszuhalten und als Indikator für ihre Problematik zu verstehen.

- **Einzel- und Gruppentherapie**

Gruppentherapie hat besonders bei der Thematik „Sicht von Männern und von Frauen" und bei dem „Generationenthema" eine große Bedeutung. Wenn die Gruppe heterogen zusammengestellt ist, wird automatisch die eigene Sichtweise durch Erfahrungsberichte von anderen ergänzt, und dies unterstützt das Verstehen. Erkenntnisse aus der Gruppentherapie werden häufig auch in den Einzeltherapien zum Thema gemacht.

Nonverbale und körperorientierte Verfahren

Sogenannte „nonverbale" und körperorientierte Verfahren wie Kunst-, Musik-, oder Tanztherapie erweitern das therapeutische Spektrum wesentlich. Gerade beim Thema Mobilität, Flucht, Migration ist Therapie nicht immer in der Muttersprache möglich. Nonverbale Verfahren eröffnen weitere Zugänge zum Patienten. Ausdruck mit den Händen, mit dem Körper, durch Musik, ist überregional und gibt Raum für unbewusste Prozesse.

> „Sei Dir selbst ein guter Freund!"

Das Thema „Sich selbst ein guter Freund sein" wird ebenfalls gerne von Patienten angenommen. Wenn z. B. jemand über sich sagt: „Das schaffe ich ja sowieso nicht, ich bin ja immer der Loser", kann vom Therapeuten gefragt werden: „Was würden Sie einem Freund sagen, der in Ihrer Situation genau das von sich sagt?" Meist ist die Antwort: „Ich würde ihm sagen, schau doch mal, was Du schon erreicht hast, das kriegst Du doch auch noch hin". Therapeut: „Dann sagen Sie das doch auch mal zu sich selbst!" An diesem Beispiel wird deutlich, dass Patienten Freunden eher das Positive, Aufmunternde sagen würden, das sie sich selbst gegenüber nicht denken oder sagen. Die vernichtende Kritik, die sie sich selber im Spiegel sagen oder von sich denken, würden sie einem guten Freund nicht zumuten.

Storytelling

Storytelling oder Märchen und Mythen haben eine lange Geschichte in der Psychotherapie, ihre Verwendung in therapeutischen Sitzungen ist aber wenig verbreitet. Gemeint in diesem Zusammenhang ist, dass den Patienten eine Geschichte erzählt wird, in der ihre Problematik „zwischen den Zeilen" der Handlung erkannt wird. Bekannt sind z. B. die Geschichten „Der angekettete Elefant" oder „Die Fröschlein in der Sahne", die Jorge Bucay in seinem Buch: „Komm ich erzähl Dir eine Geschichte", zusammengefasst hat. Bei den „Fröschlein in der Sahne" überlebt der Frosch den Fall in den Sahnetopf, der solange strampelt, bis die Sahne fest geworden ist. Dann kann er herausspringen (Bucay 2012).

8.4 Generationenthema für Patient und Therapeut, transgenerationale Prägungen

Wie schon beschrieben, leben die meisten Menschen heute deutlich anders als die Eltern und Großeltern, von denen sie erzogen wurden. Es fehlen Vorbilder im aktuellen Leben und das Gefühl, dass es so „richtig" ist, wie das Leben gelebt wird. Zum Beispiel quält viele weibliche Patienten das schlechte Gewissen, bei gleichzeitiger Berufstätigkeit nicht genug Zeit für die Kinder zu haben. Männliche Patienten finden vielleicht kein Verständnis bei Vätern oder vor sich selber, wenn sie in Teilzeit arbeiten, um für die Familie oder, noch brisanter, für Hobbies Zeit zu haben. Die Werte der Eltern: „Haus bauen, Baum pflanzen, Kind zeugen", sind vielleicht nicht mehr aktuell. Für das vererbte Tafelsilber und die Antiquitäten findet sich in den kleineren Großstadtwohnungen kein Platz mehr. Das große Auto braucht man nicht, man leiht sich eines bei Bedarf. Auf der Suche nach frühkindlichen Schäden wird der Therapeut bei dem Patienten vielleicht nicht fündig, sondern bei dem Problem der Identitätsfindung trotz stabilem Ich und eigentlich gutem Selbstwert. Oft kennt die Therapeutin oder der Therapeut ähnliche Probleme aus eigener Erfahrung.

In Supervision und Selbsterfahrung wird deutlich, dass die Vorstellung von „richtig und falsch" immer wieder eine Herausforderung für den Therapeuten ist. Eigene Wertvorstellungen müssen strikt vom therapeutischen Prozess getrennt werden. Informationen über Krieg, Flucht, Gefangenschaft, Hunger, Verlust des Zuhauses, sind älteren Therapeuten durch Erzählungen ihrer Eltern und Großeltern oder durch eigene Erfahrungen noch vertraut. Jüngeren Therapeuten sind diese Themen als Bestandteil der Biographie der einheimischen Bevölkerung oft nicht bewusst. Älteren Therapeuten ist häufig nicht bewusst, dass es auch für die jüngeren Generationen nicht immer nur besser und einfacher wurde. Auch ohne Hunger und im Überfluss können Existenzängste gravierend sein.

- **Familienaufstellung und Genogrammarbeit**

Familienaufstellung und Genogrammarbeit erweitern den Blick auf transgenerationale Prägungen bei Patient und Therapeut. In einem Genogramm werden nicht nur Namen und Geburtsdaten der Personen festgehalten, sondern auch, wie diese zueinanderstehen. Es lassen sich berufliche und innerfamiliäre Konflikte, Krankheiten und Gewohnheiten generationenübergreifend darstellen. Plötzlich fallen Parallelen auf oder es stellt sich die Frage, warum Informationen zu einer bestimmten Person so gut wie nicht existieren. In einer Familienaufstellung wird durch Stellvertreter die Familienkonstellation einer Person in Szene gesetzt. Durch die Reaktion der vertretenden Personen werden Gefühle und Konflikte des Betroffenen sichtbar und fühlbar. Dies kann die aktuelle Familiensituation oder die der Herkunftsfamilie mit transgenerationalen Prägungen betreffen.

Nicht zu unterschätzen ist die Häufigkeit von Migrations- und Fluchterfahrung in der Anamnese/Biographie von Patienten. Viele Eltern oder Großeltern waren Aussiedler aus Schlesien etc., ehemalige Gastarbeiter, Flüchtlinge. Für Patienten kann es extrem entlastend sein, vom Therapeuten zu hören, dass es „normal" ist, die Probleme der Eltern oder auch Großeltern noch „irgendwie mitzubekommen". Von der Familie hören Patienten vielleicht „Du hast es doch so gut im Vergleich zu uns, wo ist Dein Problem?". Das Problem ist nicht so offensichtlich und liegt auch nicht auf der Ebene von Hunger, Vertreibung, politischer Verfolgung. Das Problem kann darin bestehen, die Eltern nicht mit einer anderen Lebensführung, als sie es für richtig halten, enttäuschen zu wollen. Auch ist es problematisch, den Druck zu spüren, dass aus einem etwas „ganz Besonderes" werden soll, weil es einem vermeintlich besser geht. Hier spielen die Themen Schuld und Scham eine Rolle.

8.5 Bio-psycho-soziales Modell

Mittlerweile gibt es einen Lehrstuhl für Biopsychosoziale Medizin in Graz (seit 2011). Das bio-psycho-soziale Modell ist in der Ausbildung und Arbeit von Ärzten und Psychologen, Therapeuten nicht mehr wegzudenken (Egger 2015, 2017). Die Frage: „körperlich oder psychisch krank?" sollte mit der Antwort „körperlich und psychisch krank!" beantwortet werden, das eine ist vom anderen nicht zu trennen.

Um die bio-psycho-soziale Idee Patienten näher zu bringen, bieten sich Sprüche aus dem Volksmund an, die fast jeder kennt, z. B.:
- „Mach dir keinen Kopf."
- „Mir wurde ganz schwindelig vor Eindrücken."
- „Das hat mir die Stimme verschlagen."
- „Da stehen mir die Haare zu Berge."
- „Dir ist wohl eine Laus über die Leber gelaufen."
- „Das ist mir an die Nieren gegangen."
- „Ich hätte mir vor Angst fast in die Hose gemacht."
- „Das macht mir Bauchschmerzen."
- „Das ist mir auf den Magen geschlagen."
- „Das hat mir die Füße weggezogen."
- „Da habe ich eine Gänsehaut bekommen."
- „Das ist mir unter die Haut gegangen."
- „Ich war wie gelähmt."

Im Volkswissen ist die Psychosomatik fest verankert. Eine psychisch belastende Situation erzeugt eine körperliche Reaktion. Jeder hat an sich selbst erlebt, dass man vor Erregung schwitzt, Herzklopfen bekommt, vor Angst zittert. Dennoch fällt es immer wieder schwer, an psychische Auslöser von Beschwerden bei sich selbst zu glauben.

Bei Somatisierung bleiben die körperlichen Symptome bestehen, auch wenn der unmittelbar für die Patienten erkennbare Auslöser (z. B. eine Prüfung) nicht mehr besteht. Eine länger anhaltende Stresssituation, z. B. finanzielle Sorgen durch eine Immobilie, familiäre Probleme unter einem Dach, ständiges Unterwegssein bei Patchwork-Familien etc., wird als Auslöser häufig nicht erkannt. Die dazugehörenden Affekte werden verdrängt. Aufgabe des therapeutischen Prozesses ist es, diese Gefühle zu aktivieren, die körperliche Symptomatik sozusagen zu repsychisieren.

> **Somatisierung**
>
> Somatisierung ist die Neigung, körperliche Beschwerden als Antwort auf psychosoziale Belastungen zu erfahren und zu vermitteln und medizinische Hilfe dafür in Anspruch zu nehmen.

Es findet eine unbewusste Spaltung statt. Der Affekt, zum Beispiel Angst, wird dabei verdrängt. Das ursprünglich gleichzeitige körperliche Erscheinungsbild, zum Beispiel Herzrasen, Schmerz oder Schwitzen, rückt ins Zentrum.

> **Repsychisierung der Somatisierung**
>
> Repsychisierung der Somatisierung bedeutet die Verschiebung des Aufmerksamkeitsfokus von der Wahrnehmung körperlicher Beschwerden und ihrer Bewältigung auf das innere Erleben sowie auf psychische und soziale Belastungen und Konflikte.

Im Idealfall findet durch eine interdisziplinäre Behandlung eine Abklärung und Behandlung auf körperlicher und psychischer Ebene zeitgleich statt.

Gefühlen einen Namen geben zu können, sie zu beschreiben und von Gedanken zu unterscheiden, ist für viele Patienten nicht einfach. Das Zulassen von Gefühlen, auch unerwünschter Gefühle, ist oft ein langer Prozess. Die Intervention: „Wenn Sie das Gefühl zulassen, es spüren, muss der Körper es nicht für Sie ausdrücken." kann dabei helfen.

Ein weiteres Beispiel dafür, welche Bedeutung Gefühle auch für unsere Erinnerung haben, ist, den Patienten zu fragen, was er im Urlaub vor drei, fünf oder zehn Jahren gemacht hat. Nach verwundertem Schweigen und Überlegen werden meist Beispiele mit besonderem emotionalem Erleben geschildert, Situationen, die bedrohlich, besonders schön oder in irgendeiner Weise emotional bewegend waren.

■ **Was mit Emotionen gekoppelt ist, bleibt in Erinnerung und hat Wirkung**

Aus diesem Grund ist es auch sinnvoll, die Patientenedukation mit Selbsterfahrungsanteilen der Patienten zum jeweiligen Thema zu kombinieren.

Wenn die Bereiche Familie, Beruf, soziales Umfeld und Freizeitverhalten für den Patienten zufriedenstellend sind, liegen in vier wesentlichen Bereichen Schutzfaktoren für körperliche und psychische Gesundheit vor. Wenn Probleme in allen vier Bereichen vorliegen, wird aus vier Bereichen der Risikofaktor für körperliche und psychische Gesundheit erhöht (◘ Abb. 8.3). Es bietet sich an, mit Patienten jeden Bereich separat genauer „unter die Lupe" zu nehmen, durch Fragen wie:

— Was ist innerhalb der Herkunftsfamilie stützend oder belastend, was innerhalb der aktuellen Familiensituation? Was ist an der derzeitigen Wohnsituation stützend und was belastend?
— Liegt Arbeitslosigkeit vor, Mobbing am Arbeitsplatz, Angst vor Verlust des Arbeitsplatzes, Stress durch lange Wegstrecken oder Überbelastung? Oder ist die Arbeit ein stützender, stabilisierender Faktor?
— Gibt es ein stützendes soziales Umfeld oder vermisst man genau das?
— Besteht genug Zeit und Geld für Freizeitverhalten?

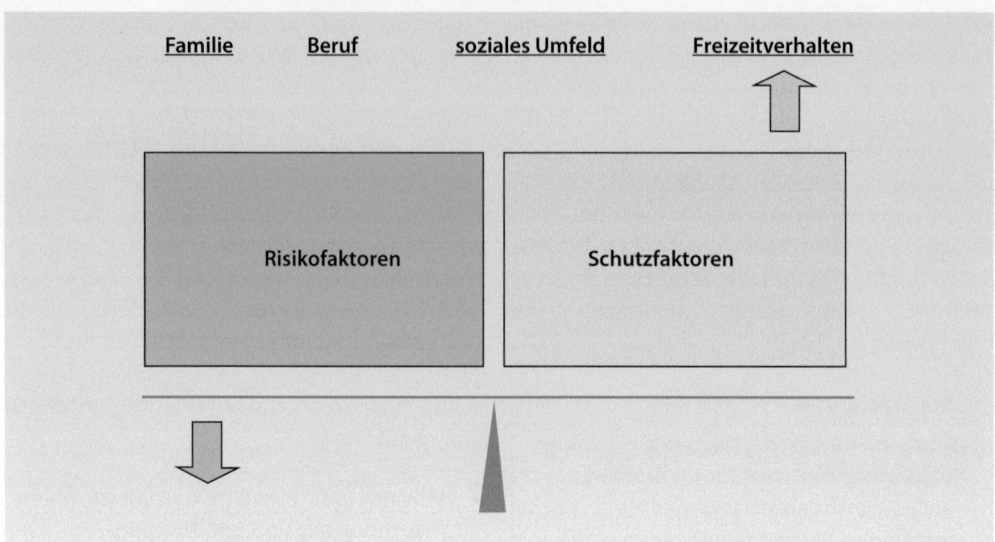

Abb. 8.3 Bio-psycho-soziales Modell: Welche der vier Bereiche Familie, Beruf, soziales Umfeld und Freizeitverhalten sind Risiko- oder Schutzfaktoren?

Meist besteht eine Mischung aus positiven und negativen Aspekten in diesen vier Bereichen. So kann mit dem Patienten erarbeitet werden, wo Ressourcen vorliegen und wo „Baustellen" bestehen, an denen es etwas zu verbessern gibt (▶ Kap. 5). Beim Besprechen dieser „Waage" erkennt so mancher nicht nur die „Schieflage", sondern auch die Ausgleichsmöglichkeit durch andere Bereiche, das „Gegengewicht".

Aber auch innerhalb jedes dieser vier Bereiche gibt es Plus und Minus.
- Die Herkunftsfamilie war schwierig, aber die aktuelle Familie stabilisiert.
- Vielleicht ist der Arbeitsplatz nicht ideal, aber die Arbeit stabilisiert, die Zusammenarbeit mit den Kollegen gibt Halt.
- Das soziale Umfeld besteht, muss aber reaktiviert werden.
- Wie genau sieht das Freizeitverhalten aus? Bringt man sich selbst in die Situation von „Freizeitstress"? Muße und Erholung sind nicht nur Luxus, sondern stabilisieren die Waage im Sinne von körperlicher und psychischer Gesundheit.

Genauso gilt es zu überlegen, welche sogenannten prädisponierenden, auslösenden und chronifizierenden Faktoren für eine psychosomatische Erkrankung vorliegen. (◘ Tab. 8.1) Was bereitet sozusagen den Nährboden (prädisponierend) für psychosomatische Probleme, was war der Auslöser und warum blieben Beschwerden trotz Behandlung bestehen (chronifizierend)?

Prädisponierende Faktoren sind unsichere Bindung (Bowlby 1975; Ainsworth et al. 1978), belastende Kindheitsfaktoren wie emotionale Vernachlässigung diverser Art, Trennungserlebnisse (Tod oder Verlust der Bezugspersonen aus unterschiedlichen Gründen), Migration, Flucht, körperliche und psychische Erkrankungen der Eltern, Selbstwertproblematik, aber auch transgenerationale Aufträge, kulturelle Prägungen, die im neuen Umfeld „nicht mehr passen", gesellschaftliche und generationenspezifische Veränderungen.

Auslösende Faktoren können belastende Lebensereignisse sein, die die Person individuell, familiär oder beruflich betreffen, oder auch Situationen, die einen alten, vor-

8.5 · Bio-psycho-soziales Modell

Tab. 8.1 Bio-psycho-soziales Modell – prädisponierende, auslösende und chronifizierende Faktoren haben Einfluss auf das Entstehen und den Verlauf psychosomatischer Erkrankungen

prädisponierende Faktoren	unsichere Bindung belastende Kindheitserlebnisse Selbstwertproblematik transgenerationale/kulturelle Prägung gesellschaftliche/generationenspezifische Themen
auslösende Faktoren	belastende Lebensereignisse individuell, familiär, beruflich Reaktivierung innerpsychischer Konflikte Umbruch- und Schwellensituationen langanhaltender Stress Ohnmacht überwiegt Selbstwirksamkeit Zuviel oder Zuwenig an Mobilität oder Sesshaftigkeit plötzliche Entlastung
chronifizierende Faktoren	unteroptimale Behandlung psychischer oder organischer Erkrankungen Zielkonflikte (z. B. finanzielle Unterstützung, Rentenbegehren, GdB) Funktion des Symptoms (z. B. Entlastung: will nicht/kann nicht)

bestehenden innerpsychischen Konflikt reaktivieren. Umbruch- und Schwellensituationen (Elternschaft, Berufsausbildungs- oder Studienabschluss, Berufsanfang, Hausbau, Hausfertigstellung, Umzug und Hausverkauf) sind häufig Auslöser, auch wenn eigentlich eine Veränderung zum Positiven „ins Haus steht". Es bedeutet aber Neuorientierung einer Identität oder Rolle. Langanhaltender Stress kann eine Überforderung darstellen, ebenso wie plötzliche Entlastung (z. B. wenn der Hausbau fertig ist). Bekannt ist die Zweischneidigkeit der Entlastung durch Renteneintritt, lange erwartet und herbeigesehnt, dennoch eine ungewohnte und Krisensituation, die viele bisherigen Gewohnheiten und auch stabilisierende Faktoren und Rollen in Frage stellt (z. B. „nur noch zu Hause"). Ausgeliefert zu sein seiner Situation gegenüber, sie selbst nicht oder kaum beeinflussen zu können, keinen Ausweg zu sehen, sich „eingesperrt" oder „bodenlos" zu fühlen sind häufig Gründe für psychosomatische Beschwerden und den Beginn einer Therapie.

Chronifizierende Faktoren sind aus medizinischer Sicht eine einseitige organische Abklärung und Fixierung der Patienten auf eine (z. B. in den bildgebenden Verfahren wie CT oder Kernspin) sichtbare Läsion, zu späte Beachtung der psychischen Faktoren, Diskriminierung der Patienten durch psychische Diagnosen oder „nicht ernst nehmen" bei psychischen Grunderkrankungen, kein Augenmerk zu legen auf die Symbolik bzw. die Funktion des Symptoms.

Zielkonflikte sollten ebenfalls angesprochen werden. Finanzielle Absicherung durch Rentenzahlungen, Krankengeld etc. haben eine sinnvolle Komponente, und der Wunsch danach ist verständlich in Notsituationen. Was aber bedeutet es psychisch, einen Ausweis in der Tasche zu haben, der eine Behinderung von 30, 50 oder 80 Prozent attestiert?

Psychische und soziale Faktoren können zur Entstehung einer Krankheit beitragen, den Zeitpunkt des Auftretens und der Inanspruchnahme ärztlicher/therapeutischer Hilfe mitbestimmen. Andererseits beeinflussen psychische und soziale Faktoren die Reaktion des Menschen auf (körperliche, psychische, soziale, gesellschaftliche, berufliche, räumliche etc.) Veränderungen (Coping), den Umgang mit einer Erkrankung (Compliance) und die

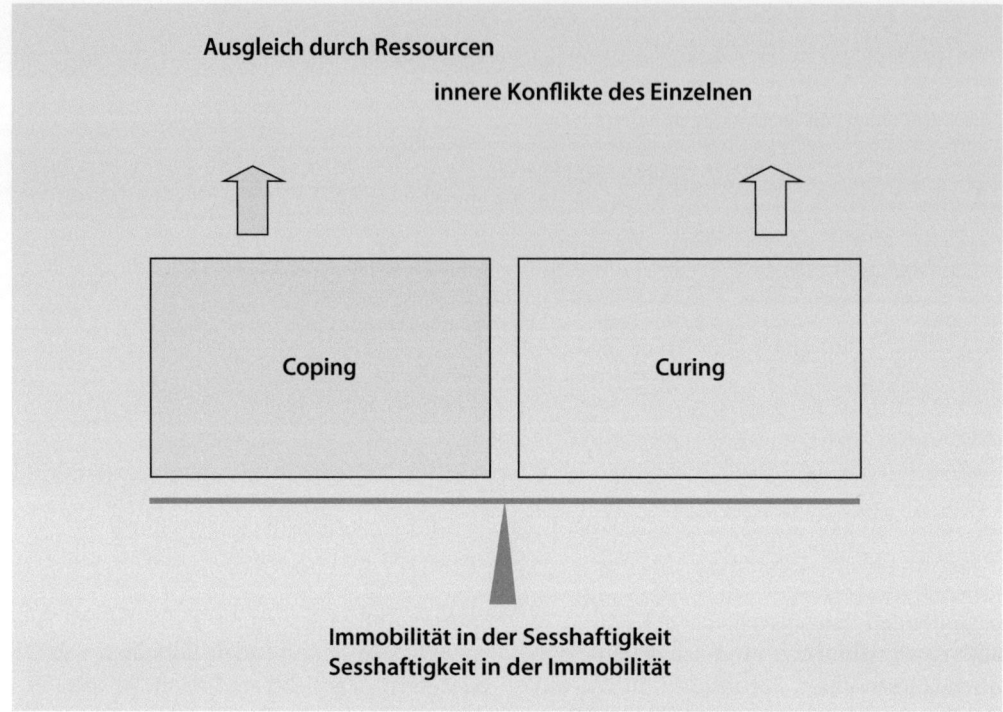

Abb. 8.4 Coping-Curing: gemeinsame Anforderungen an Therapeut und Patient

Bewältigung (Heilung, Genesung, Chronifizierung).

Auch das beinhaltet das bio-psycho-soziale Modell, die „Somato-Psychik", das was zum Beispiel mit der ICD 10 Diagnose F45.41 (Chronische Schmerzstörung mit somatischen und psychischen Faktoren) gemeint ist. „Psychischen Faktoren wird eine wichtige Rolle für Schweregrad, Exazerbation oder Aufrechterhaltung der Schmerzen beigemessen, jedoch nicht die ursächliche Rolle für deren Beginn."

Die Diagnose des ICD 10 F54 (Psychologische oder Verhaltensfaktoren bei andernorts klassifizierten Krankheiten) beschreibt ebenfalls die psychische Reaktion auf körperliche Erkrankungen.

Die Unterscheidung Coping or Curing begleitet den therapeutischen Prozess (◘ Abb. 8.4). Was zu bewältigen oder auszuhalten ist und nicht veränderbar und was zu bearbeiten und psychotherapeutisch lösbar, ist nur in Zusammenarbeit von Patient und Therapeut zu entscheiden (▶ Kap. 6).

8.6 Fragen zu Mobilität und Sesshaftigkeit (Immobilie) in der Anamnese

Es hat sich als sinnvoll erwiesen, bei Aufnahme der Biographie der Patienten oder während des therapeutischen Prozesses, falls diese Fragen naheliegen und die Patienten es nicht von sich aus berichten, folgende Fragen zu stellen:
— **Wo ist der Patient aufgewachsen, wo seine Eltern und Großeltern?**
  Schon durch die Beantwortung dieser Frage werden das Ausmaß und die Gründe für Mobilität und Sesshaftigkeit der Generationen deutlich. War der Ortswechsel durch berufliche, familiäre, politische oder andere Gründe nötig, gewollt oder „aus der Not geboren"?

8.6 · Fragen zu Mobilität und Sesshaftigkeit (Immobilie) in der Anamnese

Beispiel
Herr Nelles (▶ Abschn. 3.6) fühlt sich dem Vater verpflichtet, der eine Bleibe aus Stein für die Familie am Ort seiner (endlich lukrativen) Berufstätigkeit, am Ende einer langen Reise durch Deutschland, gebaut hat.

— **Gab es innerhalb dieser drei Generationen die Themen Flucht oder Migration?**
Auch wenn diese Themen den Patienten nicht selber betreffen oder betroffen haben, haben sie dennoch Einfluss auf sein Leben durch Erzählungen, Einstellungen oder Verhalten innerhalb der Familie.

Beispiel
Frau Lehmann (▶ Abschn. 2.6) fühlt sich schuldig, das Haus der Eltern verkauft zu haben, um diese in ihrer Nähe in einem Betreuten Wohnen gut versorgen zu lassen. So war es mit den Eltern abgesprochen, dennoch hat sie das Gefühl, die Vertreibung der Eltern aus Ostpreußen wiederholt zu haben.

— **Welche Bedeutung hat das eigene Haus innerhalb dieser Generationen?**
In vielen Familien gehört das eigene Haus, das eigene „Dach über dem Kopf", absolut zu einem erfolgreichen Leben,
sei es aus finanziellen Gründen (als Statussymbol)

Beispiel
Frau Zenker (▶ Abschn. 3.5) lebt durch die gute Position ihres Ehemannes in einer „Luxusvilla", ihre Eltern träumten immer von einem kleinen eigenen Häuschen, das sie sich nie leisten konnten.

oder aus biographischen Gründen (nach Migration oder Flucht endlich wieder einen festen, aus Stein oder Holz gebauten Wohnsitz).

Beispiel
Herr Dahmali (▶ Abschn. 5.3) möchte seinem Vater danken und ihm ein Haus in Deutschland bauen. Dies wäre ein Zeichen des „Angekommenseins" und ein Symbol, dass sich die Mühen des Vaters für seine Kinder gelohnt haben.

Es nicht zu haben, nicht zu wollen, nicht zu können, oder aber es doch zu haben und nicht aufgeben zu wollen, hat Auswirkungen auf das Leben.

Beispiel
Frau Coburg (▶ Abschn. 2.3) identifiziert sich in einem solchen Ausmaß mit dem Haus, in dem sie wohnt, dass sie sogar das Gefühl hat, mit der Auflösung des Wohnens in einem Haus ihre eigene Identität zu verlieren.

— **Wohnt der Patient zur Miete oder im Eigenheim?**
Die Entscheidung dazu kann freiwillig oder unfreiwillig sein, Mietverhältnis und Eigentum haben jeweils Vor- und Nachteile. Die Freiheit, den Ort zu wechseln, ist beim Mieten deutlich größer. Die Verantwortung ist bei Eigentum deutlich größer.

Beispiel
Frau Mittermayer (▶ Abschn. 4.6) möchte nie in einem eigenen großen Haus „lebenslänglich" wohnen. Bei ihren Eltern hat sie beobachtet, welche Mühen und welcher finanzielle Aufwand damit verbunden sind. Sie möchte, wie viele ihrer Generation, frei sein und weniger arbeiten als die Eltern. Sie träumt von einer schönen Mietwohnung in der Stadt, in die es sie aus beruflichen oder persönlichen Gründen gerade mal verschlägt.

Es gibt aber noch vielfältige weitere Gründe, sich für oder gegen das ein oder andere zu entscheiden.

Beispiel
Für Herrn Fischer (▶ Abschn. 2.4) steht nicht die Freiheit bei einem Mietverhältnis im Fokus, sondern die Versorgung durch

seinen Vermieter. Er holt dadurch das nach, was er sich immer gewünscht hatte. Seine Eltern kümmerten sich nicht um seine Bedürfnisse, stellvertretend fordert er sie vom Vermieter ein.

— **Mit welchen finanziellen, emotionalen, räumlichen Belastungen ist die Wohnsituation verbunden?**
Der Preis der Sesshaftigkeit kann sehr hoch sein und die Lebensqualität deutlich vermindern.

Beispiel
Die Eltern von Frau Mayer (▶ Abschn. 4.5) können sich das Haus nicht mehr leisten, in dem sie wohnen. Frau Mayer gibt dem Druck der Familie nach, dafür zu sorgen, dass trotzdem alles so bleibt, wie es ist. Dafür gibt sie ihr eigenes Leben in einer anderen Stadt und ihren Beruf auf und wird krank. In diesem Fall ist der Preis der Sesshaftigkeit im finanziellen und im übertragenen Sinne zu hoch.

Die Wohnsituation kann aber auch Ressource und Lebensglück bedeuten.

Beispiel
Frau Kemplin (▶ Abschn. 7.1) liebt ihr Haus, keine Mühe und Anstrengung ist ihr dafür zu viel. Dieses Haus zu verlassen, erscheint für sie unvorstellbar. Selbst nach dem Tod wünscht sie sich ihre letzte Ruhestätte so nah wie möglich an diesem Haus.

— **Wie hängen Beziehungs- und Wohnsituation zusammen?**
Veränderungen von Beziehungen bedeuten nicht selten eine Veränderung der Wohnsituation. Nicht selten hat die Wohnsituation bei Entscheidungen für oder gegen eine Beziehung (zu Eltern, Partnern, Freunden) eine entscheidende Bedeutung.

Beispiel
Frau Zenker (▶ Abschn. 3.5) und Herr Zöllner (▶ Abschn. 3.5) sind beide nicht glücklich in ihren Ehen. Die Immobilie ist bei beiden der Grund, warum sie keine Trennung bzw. Scheidung wünschen. Beide nehmen lieber körperliche und psychische Probleme in Kauf.

Beispiel
Bei Herrn Albert (▶ Abschn. 2.2) war die Entscheidung für die Übernahme der mütterlichen Anwaltskanzlei mit der Entscheidung für die Immobilie im Garten der Eltern und mit der Entscheidung für die Beziehung zu den Eltern und Akzeptanz ihrer Ansichten verbunden. Er nahm in Kauf, dass seine Ehefrau sich von ihm trennte.

— **Wo und wie würde der Patient am liebsten leben, wenn das unabhängig von der realen beruflichen, finanziellen, familiären Situation wäre?**
Eigene Bedürfnisse nicht immer in den Vordergrund zu stellen ist eine Notwendigkeit im sozialen und beruflichen Umfeld, sie aber auf lange Zeit und völlig zu ignorieren birgt auch Gefahren.

Beispiel
Herr Wegner (▶ Abschn. 3.4) lebt ein völlig anderes Leben als es seinen eigenen Bedürfnissen entspricht. Er wünscht sich Zeit für seine Hobbies und wäre gerne frei dort zu wohnen, wo er eine gute Arbeitsstelle findet. Seine Freunde leben anders, er beneidet sie. Er lebt seiner Meinung nach „zwischen den Welten und den Werten" seiner Eltern und seinen Freunden der Generation Y.

— **Kennt der Patient das Gefühl von Heimweh oder Fernweh, was genau vermisst er, wenn diese Gefühle auftreten?**

8.6 · Fragen zu Mobilität und Sesshaftigkeit (Immobilie) in der Anamnese

Diese Frage gibt Hinweise auf mögliche Ressourcen und die eigenen Bedürfnisse (► Kap. 6).

Beispiel
Herr Reuter (► Abschn. 6.4.6) hat eine gute Position und ein stabiles soziales Umfeld in Australien, auch seine Familie ist glücklich dort. Nur nach Telefonaten mit seinen Eltern oder an den traditionellen deutschen Feiertagen bekommt er Heimweh und stillt dieses mit heimatlichem Essen. Besonders Weihnachten bei fast vierzig Grad denkt er an winterliche Weihnachtsmärkte in Deutschland und deutsche Bratwurst. Dann vermisst er Vertrautes.

— **Welche Kompensationsmechanismen bei zu viel oder zu wenig an Sesshaftigkeit oder Mobilität werden eingesetzt?**
Diese Frage gibt ebenfalls Hinweise auf mögliche Ressourcen und die eigenen Bedürfnisse (► Kap. 6).

Beispiel
Frau Baumann (► Abschn. 2.2) fühlt sich eingesperrt in den elterlichen Betrieb des Ehemannes. Für Urlaube bleibt in einem gastronomischen Betrieb wenig Zeit. Außerdem haben sie und ihr Ehemann sich zu der Pflege der Schwiegereltern verpflichtet, die auch in Urlaubszeiten gewährleistet sein muss. Frau Baumann engagiert sich zunehmend innerhalb der Gemeinde für Flüchtlinge, die dort einquartiert wurden. Sie lauscht gespannt deren Schilderungen aus dem Heimatland und veranstaltet gemeinsame Kochkurse für Einheimische und Flüchtlinge in der Großküche des Gasthofes. Dadurch stillt sie ihr Fernweh. Deutsches und fremdländisches Essen wird gemeinsam zubereitet, und die Speisekarte des Gasthofes wird erweitert. Sobald es möglich ist, möchte sie in fremde Länder reisen und plant diese Reisen „schon mal im Kopf".

— **Welche Konflikte innerhalb der Familie (auch zwischen den Generationen) gibt es bezüglich des oder eines Hauses?**
Von Erbstreitigkeiten nach dem Tod der Eltern bis zu Streitigkeiten um Renovierung bei gemeinsamem Wohnen verschiedener Generationen in einem Haus ist die Bandbreite für Konfliktmöglichkeiten groß und kann stark belasten.

Beispiel
Als Frau Baumann (► Abschn. 2.2) körperlich und psychisch erkrankte und so die Weiterführung des Gasthauses in Gefahr war, lenkten sowohl der Ehemann als auch die Schwiegereltern ein. Es wurden feste Arbeitszeiten für Frau Baumann vereinbart und die Schwiegereltern akzeptierten externe Hilfe. Frau Baumann konnte das oben beschriebene Projekt des gemeinsamen Kochens mit Flüchtlingen durchführen, den Gastraum renovieren lassen, das Angebot der Speisen erweitern und nach ihren Vorstellungen gestalten. Die Schwiegermutter gab die Rolle der Chefin an die Schwiegertochter ab. Der frische Wind, der nun im Haus wehte, war nach außen durch eine neue Farbgestaltung des Hauses und eine neue Bepflanzung des Gartens sichtbar.

Beispiel
Auch Frau Chesag (► Abschn. 2.3) musste ihren Platz im Haus der Schwiegereltern – zunächst gegen Widerstand – erst finden. Diese hatten das Haus bisher alleine bewohnt und alle Räume waren für sie frei zugänglich gewesen. An den für sie eigenen Türen anzuklopfen, war ungewohnt. Klare Regeln mussten aufgestellt werden. In welchem Ausmaß alte, reaktivierte Konflikte und Schuldgefühle den eigenen Eltern gegenüber bei dieser aktuellen Problematik mit den Schwiegereltern eine Rolle spielen, wurde Frau Chesag erst in den psychotherapeutischen Sitzungen bewusst.

- **Gibt es ein „Erbe" in der Familie, im gegenständlichen, finanziellen oder übertragenen Sinn?**
  Beim „Erbe" denkt man zunächst einmal an eine Geldsumme, die einem zufällt. Man kann aber auch Schulden und Belastungen erben, im finanziellen und übertragenen Sinne, ausgesprochen oder nicht ausgesprochen. Sätze wie: „Das Haus darfst du nie verkaufen." oder „Du musst mir versprechen, dich um deinen behinderten Bruder zu kümmern." können, im Sterben ausgesprochen, ein lebenslanger Auftrag für die Erben sein.

  Beispiel
  Herr Nelles (▶ Abschn. 3.6) fühlt sich, wie oben beschrieben, verpflichtet, das Erbe seines Vaters zu erhalten. Ausgesprochen wurde dieser Auftrag nie, dennoch war dieser Auftrag für Herrn Nelles deutlich. Das Haus steht am falschen Platz und passt nicht mehr in das Leben der Erbengeneration.

  Beispiel
  Herr Marten (▶ Abschn. 7.5) lebt seit seinem vierzehnten Lebensjahr mit dem Auftrag der damals sterbenden Mutter, sich um den Vater und um die behinderte Schwester zu kümmern. Selber noch Kind, war er mit diesem Auftrag völlig überfordert und gestand sich nicht zu, seiner eigenen Trauer und seinem eigenen Verlusterleben einen Platz einzuräumen. Außenstehende verspüren Wut auf die Mutter, was sie mit diesem Satz bei ihrem ältesten Sohn angerichtet hat. Herr Marten verspürt diese Wut nicht.

- **In welchen Bereichen fühlt sich der Patient ohnmächtig?**
  Diese Frage zielt auf die Differenzierung „Coping or Curing". Bestimmte Sachverhalte sind nicht zu ändern, es geht um den Umgang damit. Einstellungen und Lebensentwürfe können überdacht oder korrigiert und Lösungsversuche bei Konflikten im Gespräch mit Bezugspersonen erarbeitet werden.

  Beispiel
  Frau Obati (▶ Abschn. 5.2) lebt innerhalb der eigenen vier Wände nach den Regeln der Kultur des Heimatlandes, außerhalb des Hauses gelten die Regeln der westlichen Kultur. Sie fühlt sich ihrer Familie verbunden, deren Erwartungen gegenüber fühlt sie sich aber ohnmächtig und nicht gewachsen. Ihre eigenen Worte in einer psychotherapeutischen Sitzung waren: „Sie können meine Prüfungsangst nicht behandeln, erst muss ich mit meiner Familie klären, wie es nach bestandenem Examen weitergeht."

  Beispiel
  Auch Frau Pollmann (▶ Abschn. 5.2) kann die Regeln ihrer Glaubensgemeinschaft nicht ändern und fühlt sich ohnmächtig manchen Zwängen gegenüber. Sie entwickelte aber Strategien, mit diesen Regeln umzugehen. Auszeiten, die ihr aus medizinischen Gründen zustehen, nimmt sie zunehmend wahr. Körperliche Symptome deutet sie als Signale. Bereiche ohne Regeln baut sie aus.

- **Welche Bereiche hat er selbstwirksam „in der Hand"?**
  Diese Frage zielt ebenfalls auf die Differenzierung „coping or curing". Ziel ist es, das, was änderbar ist, „in Angriff" zu nehmen und im therapeutischen Setting zu bearbeiten.

  Beispiel
  Wie am Beispiel von Frau Baumann (▶ Abschn. 2.2) oder einigen anderen Beispielen deutlich wird, geht es in Psychotherapien manchmal darum „nicht das Unmögliche, sondern das Mögliche möglich zu machen". Meist sind dazu Gespräche nötig, die bisher mit den betroffenen Personen

innerhalb der Familie oder innerhalb des beruflichen Umfeldes nicht geführt wurden. Für viele Patienten ist es erstaunlich zu erkennen, welche Möglichkeiten der Selbstwirksamkeit sie doch haben.

Die Bearbeitung innerer Konflikte des Einzelnen ist ohne Beachtung des gesellschaftlichen, biographischen, generationenübergreifenden Zusammenhangs nicht möglich.

8.7 Therapie in einer Fremdsprache

Aufgrund der Globalisierung arbeiten immer mehr Menschen aus anderen Kontinenten in internationalen deutschen Firmen. Sie bleiben für zwei bis drei Jahre, mal sind sie alleine in Deutschland, mal mit Familie. Ihr Ansehen zu Hause steigt, wenn sie in Europa arbeiten dürfen, besonders bei Menschen aus Afrika und Asien. Die Erwartungen der Herkunftsfamilie, aber auch der Stolz auf den Sohn oder den Ehemann sind groß. Ein hoher Anteil des Einkommens wird häufig nach Hause überwiesen. Die deutsche Sprache zu lernen ist meist nicht nötig, in internationalen Firmen findet die Kommunikation auf Englisch statt. Das war schon im Heimatland in Schule und Studium üblich. Bei Behörden und bei Arztbesuchen ist in der englischen Sprache aufgrund der guten Englischkenntnisse der deutschen Bevölkerung das Wichtigste ohne Probleme zu erledigen. Aber für viele ist Englisch nicht eine Zweitsprache, sondern eine Fremdsprache (▶ Abschn. 6.4.7). In Deutschland eine Psychotherapie in englischer Sprache durchzuführen wird schon problematischer, zumal wahrscheinlich auch für den Therapeuten Englisch eine Fremdsprache ist.

Beispiel
Herr Kalidan (geb. 1984) wird von seiner Hausärztin überwiesen, bei der er sich wegen einer erektilen Dysfunktion vorstellte. Herr Kalidan kommt aus Afrika, arbeitet bei einem internationalen Konzern in Bayern und ist mit seiner Ehefrau nach Deutschland gekommen. Die Ehefrau (geb. 1984) hat ebenfalls studiert, arbeitet aber weder in ihrem Beruf noch in einer anderen Anstellung, noch ehrenamtlich in Deutschland. Sie ist hier Hausfrau und sehr an der Gesundheit ihres Ehemannes interessiert (er soll gutes, selbst gekochtes heimatliches Essen bekommen, Sport treiben). Beide telefonieren täglich mit ihren Eltern zuhause. Seine Eltern kommen einmal im Jahr für mehrere Wochen zu Besuch und wohnen dann mit in der Zweizimmerwohnung des Ehepaares, das während dieser Zeit im Wohnzimmer auf der Couch schläft. Herr Kalidan zahlt seinen Eltern den Flug und alles während des Aufenthaltes. Reisen in benachbarte europäische Länder werden unternommen. Bezüglich der sexuellen Problematik hat Herr Kalidan bereits in Afrika halbherzig eine Hormontherapie begonnen, die er aber in Deutschland nicht weiterführt. „Keine Zeit" ist sein Argument, der Beruf geht vor. Er müsse erstmal die wirtschaftliche Sicherheit für eine Familie herstellen.

Sein Therapieziel ist in den ersten Stunden aus psychotherapeutischer Sicht schwer zu verstehen. Er möchte einfach nur mal reden können, mit seiner Frau ginge das nicht. Sofort käme Streit auf, da er sich nicht weiter einer urologischen Therapie unterziehe. Er sei sehr bemüht, dass seine Frau auch ohne genitalen Geschlechtsverkehr sexuell auf ihre Kosten komme und verbringe jede freie Minute mit ihr. Sie sei aber immer unzufrieden und es gehe immer nur um die Hormontherapie. Mit seinen Eltern verstehe sie sich auch nicht und sei sehr eifersüchtig. Nach drei Sitzungen bittet die Ehefrau telefonisch ebenfalls um einen Termin, Herr Kalidan hatte das schon angekündigt und unterstützt das.

Beispiel
Frau Kalidan spricht ebenfalls sehr gut Englisch und schildert die Problematik aus völlig anderer Perspektive. Sie möchte seit der Hoch-

zeit vor drei Jahren schwanger werden und eine Familie gründen. Ihr sei das sehr wichtig und die Zeit laufe ihr davon, sie sei nun schon 35 Jahre alt. Ihr Mann ignoriere das Problem völlig und sei nur daran interessiert, vor den Eltern gut da zu stehen. Über Eheprobleme könne sie mit ihm nicht reden, nur über Alltägliches. Sie halte das nicht mehr aus. Schon in Afrika habe er sich mehr um das Wohl seiner Firma und Eltern gekümmert, als um das ihre. Sie stehe bei ihm an letzter Stelle. Verzweiflung und Leidensdruck werden bei Frau Kalidan sehr deutlich.

Wir entschlossen uns dann zu gemeinsamen Paarsitzungen, die mit einem männlichen Kollegen zusammen durchgeführt wurden.

Beispiel
Die gemeinsamen Sitzungen gestalteten sich zäh. In den Einzeltherapien sprachen beide sehr viel und waren jedes Mal enttäuscht, wenn die Stunde schon vorbei war. In den gemeinsamen Sitzungen schwieg Herr Kalidan beharrlich. Seine Ehefrau trug an das Therapeutenpaar die Bitte heran, ihrem Mann ihre Situation zu verdeutlichen. Das Therapeutenpaar gab den Auftrag an Frau Kalidan zurück, sie möge doch in diesen gemeinsamen Sitzungen ihrem Ehemann ihre Situation nochmal schildern. Herr Kalidan hörte weiter schweigend zu. In der dritten gemeinsamen Sitzung kommentierte die Therapeutin, dass sie das Gefühl habe, man könne die Sitzung früher beenden. Sie fühle sich „hilflos und ohnmächtig". Sie fragte den männlichen Therapeuten, wie er sich fühle. Er antwortete: „impotent". Nach kurzem geschockten Schweigen und verlegenem Lachen kam das Paar ins Gespräch und die Stunde nahm eine atmosphärische Wendung.

Frau Kalidan hatte bereits ein One-Way-Ticket nach Afrika in der darauffolgenden Woche gebucht. Sie wolle ihre Familie besuchen und eine Beziehungspause machen. Er fand die Idee gut und war der Überzeugung, dass es beiden guttun würde. Man würde merken, dass man sich vermisse. Er verneinte die Frage, ob er das als Trennungsabsicht seiner Frau deuten würde. Abschließend äußerte Frau Kalidan noch die Sorge, dass ihr Mann sich ohne sie nicht gut ernähren würde, er esse nur afrikanisches Essen. Das zu kochen sei aufwendig und afrikanische Lokale in Deutschland selten und teuer. Sie bat die Therapeutin, weiter Einzelsitzungen mit ihrem Mann in ihrer Abwesenheit durchzuführen.

- **Übertragung und Gegenübertragung bei Psychotherapien in einer Fremdsprache**

Bei Therapiesitzungen, in denen nicht in der Muttersprache gesprochen wird (in diesem Beispiel war Englisch weder für das Patienten- noch das Therapeutenpaar die Muttersprache) sind nonverbale Signale, in diesem Fall Übertragung und Gegenübertragung, besonders wichtig zu beachten. Herr und Frau Kalidan verstanden, dass ihre Gefühle beim Therapeutenpaar angekommen waren. Sie fühlt sich ohnmächtig, dass er nicht auf ihre Bedürfnisse reagiert. Er fühlt sich impotent auf diese zu reagieren. Das „nicht Auszusprechende" ist durch die Intervention des Therapeutenpaares in Szene gesetzt worden, und diese Intervention machte erst den unlösbaren Konflikt deutlich. Frau Kalidan fliegt zurück in ihre Heimat, zur Familie, möchte ihren Mann aber trotz aller Konflikte mit heimatlichem Essen und durch die Therapeutin versorgt wissen. „Liebe geht durch den Magen", auch Heimatliebe. Frau Kalidan leidet unter massivem Heimweh. Herrn Kalidan war es wichtig, die Reise seiner Frau nach Afrika nicht als Ende der Beziehung zu werten, sondern nur als „time out". Sie kommentierte das nicht.

Die Intervention der Therapeutin geht auf die Theorie von Melanie Klein (1946) zurück, die den Abwehrmechanismus der projektiven Identifizierung prägte. Gefühlszustände werden in eine andere Person projiziert. Wilfred Bion (1962), Kleins Analysand, nahm das Konzept auf, deutete es aber nicht als Abwehrmechanismus, sondern als eine Form der Urkommunikation, wenn Sprache (noch nicht) zur Verfügung steht. Bedenkenswerterweise erlegte der Konzern, bei dem Herr Kalidan arbeitet, ihm einen Deutschkurs auf, den er während der Abwesenheit seiner Frau nun zu absolvieren hat. Sein Arbeitsplatz in Deutschland ist nicht sicher, was für seinen Selbstwert und die Erwartungen der Eltern ein großes Problem darstellt.

Eine weitere psychotherapeutische Intervention, die Containerfunktion, wird an diesem Beispiel deutlich (Bion 1962). Das Therapeutenpaar „contained" die latente Aggression des Patientenpaares (keiner sagt etwas) und transformiert sie in eine verbale Intervention („hilflos" und „impotent").

8.8 In der Palliativsituation, Erbe

Das Ende der lebenden Sesshaftigkeit auf dieser Erde ist einerseits ein Tabuthema, andererseits beschäftigt es uns außerordentlich. Spätestens im Ruhestand, wenn Freunde und Verwandte zunehmend sterben, wenn Eltern zu Pflegefällen werden, wenn Elternhäuser verkauft werden, kommt die Frage auf: „Hast Du eigentlich ein Testament, eine Patientenverfügung, eine General- oder Vorsorgevollmacht?"

Inhalt dieser Urkunden ist häufig das Vererben von Immobilien, der Verbleib in Immobilien auch im Pflegefall, die Verwaltung von Immobilien im Sinne der Sterbenden oder Verstorbenen, die Gestaltung der Grabstätte. Der Inhalt dieser Dokumente spiegelt das Vertrauen in die Familie (meist Kinder, Geschwister) und Freunde wider oder zeigt einen Mangel an Vertrauen in andere Personen. Der Wunsch nach Überleben in der einen oder anderen Form wird deutlich.

Patienten in der Palliativsituation oder ältere Menschen machen dieses Thema nicht selten zu einem zentralen Punkt in Psychotherapien. Ein ganzes (erfülltes) Leben wird manchmal hinterfragt und angezweifelt, wenn die Weitergabe in materieller oder immaterieller Form nicht geregelt ist.

> „Bestell Deinen Acker rechtzeitig, um geordnet Dein Feld zu hinterlassen",

ist ebenfalls ein Spruch aus dem Volksmund.

Die Persönlichkeit des Menschen spiegelt sich in dieser Abschiedssituation von der Sesshaftigkeit. Wie genau will ich Aufträge und Klauseln in das Testament einbauen, wie will ich meine „letzte Ruhestätte" gestalten, wie will ich mich „unsterblich" machen oder wie unauffällig will ich „verschwinden".

In ▶ Kap. 7 sind diese Themen ausführlicher dargestellt. Hier soll daran erinnert werden, dieses Thema bei Bedarf der Patienten ernst zu nehmen und in den therapeutischen Prozess zu integrieren. Wichtig ist dieses Thema nicht nur für die, die über die Gestaltung ihres Sterbens, ihres Todes, ihrer letzten Ruhestätte, ihres Testamentes, ihrer Patientenverfügung, ihrer Vollmachten nachdenken, sondern auch für die Hinterbliebenen. Viele sind tief verunsichert über und gekränkt durch die Entscheidungen der Eltern, wie diese Themen entschieden wurden, oder aber eine Entscheidung nicht getroffen wurde, nicht kommuniziert wurde. Der Streit um vererbte Immobilien ist der häufigste Grund für Kontaktabbruch unter Geschwistern.

8.9 Chronischer Schmerz

Das Thema Zuviel oder Zuwenig an Sesshaftigkeit spiegelt sich häufig in Somatisierungsstörungen wider, häufig auch unter dem klinischen Bild chronischer Schmerzstörungen, mit oder ohne organischem Korrelat (ICD 10 F45.40 oder F45.41). Schon der Philosoph Baruch Spinoza (1632–1677) vertrat die These: „Schmerz ist lokalisierte Sorge". Seinem Zeitgenossen Descartes (1596–1650) wurde aber mit seinem Cartesianischen Schmerzbild mehr Aufmerksamkeit geschenkt, sodass bis heute das Cartesianische Schmerzbild verbreiteter ist. Descartes war der Annahme, über Leitungsbahnen vom Ort der Schmerzentstehung bis zum Gehirn wird die Information des Schmerzes in Abhängigkeit von der Größe der Läsion weitergegeben. Im Grunde haben beide

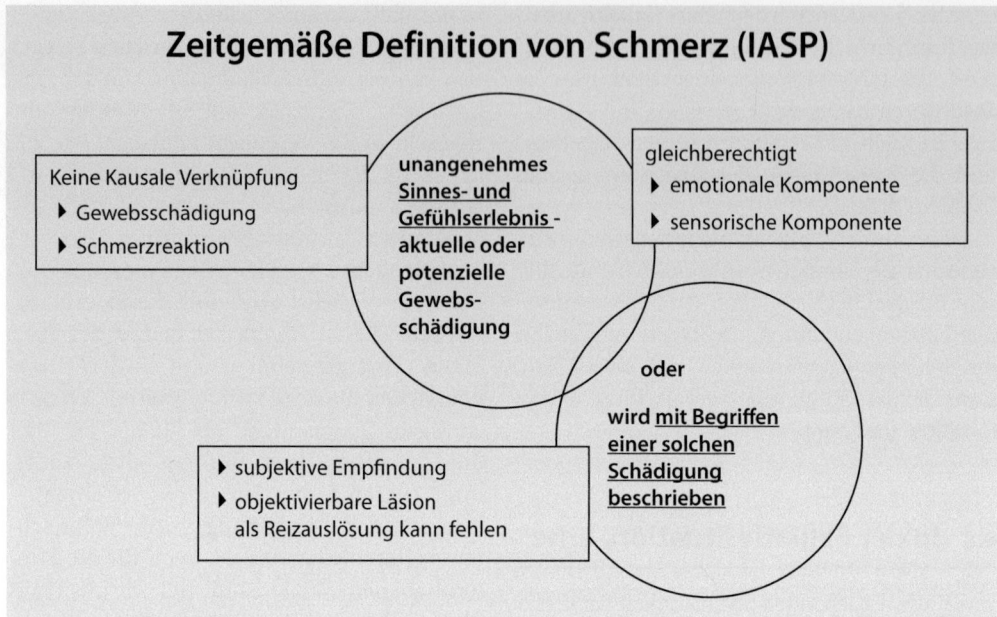

Abb. 8.5 Definition von Schmerz der IASP

recht. Die Weltschmerzorganisation IASP (International Association for the Study of Pain) hat in den 80 Jahren die Definition von Schmerz den aktuellen Forschungsergebnissen angepasst (Abb. 8.5). Sie definiert Schmerz als „ein unangenehmes Sinnes- und Gefühlserlebnis, das mit aktueller oder potenzieller Gewebeschädigung verknüpft ist oder mit Begriffen einer solchen Schädigung beschrieben wird." Die emotionale und die sensorische Komponente sind gleichberechtigt. Es muss also keine (z. B. in den Bildgebenden Verfahren für Ärzte sichtbare) Läsion vorliegen, um dem Patienten zu glauben, dass er Schmerzen hat. Die objektivierbare Läsion als Auslöser der Schmerzsymptomatik kann fehlen, der subjektiven Empfindung des Patienten wird Bedeutung beigemessen.

Die kulturellen Einflussfaktoren auf das Thema Schmerz sind sehr groß, sowohl was die häufigste Lokalisation von Schmerzen in der Bevölkerung angeht, als auch was die Bewertung von Schmerz, dessen Ausdrucksweise und die Reaktion des sozialen Umfeldes betrifft.

- **Charakteristische Gemeinsamkeiten chronischer Schmerzpatienten**

Im Folgenden werden charakteristische Gemeinsamkeiten chronischer Schmerzpatienten (häufig mit dem Hintergrund von einem Zuviel oder Zuwenig an Mobilität und Sesshaftigkeit) aufgelistet, ohne auf das Thema Schmerz zu detailliert in diesem Buch einzugehen:
– hohe Schmerzintensität, meist ohne freie Intervalle: „immer", „Schmerzen ohne Ende"
– affektive Schmerzbeschreibung: „scheußlich, widerlich"
– bei für den Therapeuten gleichzeitig oft erstaunlich geringer sichtbarer emotionaler Beteiligung
– häufig diffuse Lokalisation: „Alles tut weh."
– kein klarer klinischer Befund, viele Vorbefunde in der bildgebenden Diagnostik
– Suche nach körperlichen Ursachen und Abhilfe auf der organmedizinischen Ebene, Konsultation vieler Ärzte und Therapeuten diverser Fachgebiete

- andere psychovegetative Symptome liegen oder lagen in der Anamnese vor wie gastrointestinale Störungen, Schwindel, Kloßgefühl im Hals etc.
- Verleugnung psychosozialer Einflussfaktoren aus Angst, nicht ernst genommen zu werden, hohe Kränkbarkeit
- ausgeprägte Abwehr von Affekten
- Angst vor (besonders negativen) Affekten
- ausgeprägte Versorgungswünsche
- häufig Pflege und Versorgung anderer Personen bis zur Selbstaufgabe
- Anerkennung und Selbstwert über Leistung und Konformität
- Funktion des Symptoms
- Vertrauensfrage gegenüber Ärzten und Therapeuten, häufige Enttäuschungen
- Vorliegen prädisponierender, auslösender, chronifizierender Faktoren (▶ Abschn. 8.5)
- Belastungen im Bereich Familie, Beruf, soziales Umfeld, kaum Freizeitverhalten (▶ Abschn. 8.5)

Zusammenfassung

Dieses Kapitel zeigt durch konkrete Fragestellungen an den Patienten Möglichkeiten auf, individuelle und realistische Therapieziele (und die Belastungen durch ein „zu viel" oder ein „zu wenig" an Immobilität und Sesshaftigkeit) zu eruieren und Lösungen (durch Selbstwirksamkeit des Patienten oder den therapeutischen Prozess) zu erarbeiten. Die gestiegenen und komplexen Anforderungen an Therapeut und Patient durch den Wertewandel in der Gesellschaft, Globalisierung und Veränderungen der Arbeitswelt werden berücksichtigt, ebenso wie die individuellen Bedürfnisse und transgenerationalen Prägungen. Behandlungsmöglichkeiten werden aufgezeigt und die Bedeutung interdisziplinärer Zusammenarbeit mit Kollegen.

Literatur

Ainsworth M, Blehar M, Waters E et al (1978) Patterns of attachment: a psychological study of the strange situation. Hillsdale, New York

Bion W (1962) Learning from experience. Karnac Books, London

Bowlby J (1975) Bindung. Kindler, München

Bucay J (2012) Komm, ich erzähl dir eine Geschichte, 13. Aufl. Fischer, Frankfurt am Main

Egger JW (2015) Integrative Verhaltenstherapie und Psychotherapeutische Medizin- ein bio-psychosoziales Modell. Springer, Wiesbaden

Egger JW (2017) Theorie und Praxis der bio-psychosozialen Medizin. Körper-Seele-Einheit und sprechende Medizin. Facultas, Wien

Egle UT (1993) Die biographische Anamnese als diagnostische Grundlage im Rahmen eines bio-psychosozialen Schmerzverständnisses. In: Egle UT, Hoffmann SO (Hrsg) Der Schmerzkranke. Schattauer, Stuttgart/New York, S 182–190

Egle UT, Zentgraf B (2017) Psychosomatische Schmerztherapie. Grundlagen, Diagnostik, Therapie und Begutachtung, 2. Aufl. Kohlhammer, Stuttgart

Klein M (1946) Notes on some schizoid mechanisms. In: Klein M (1988) Envy and gratitude and other works (1946–1963). Hogarth Press, London

Lewis E (1903) Catch-line and argument. The Book-Keeper 15:124–135

Nickel R, Egle UT (1999) Therapie somatoformer Schmerzstörungen. Manual zur psychodynamisch-interaktionellen Gruppentherapie. Schattauer, Stuttgart

Riedel R (1992) AIDA Formel. In: Ueding G (Hrsg) Historisches Wörterbuch der Rhetorik, Bd 1. Mohr, Tübingen, S 285–295

Trautmann-Voigt S, Voigt B (2017) Psychodynamische Psychotherapie und Verhaltenstherapie. Ein integratives Praxishandbuch. Schattauer, Stuttgart

Schlussworte

In diesem Kapitel werden Kernaussagen des Buches im Sinne von „take-home messages" zusammengefasst. In den einzelnen Kapiteln des Buches werden diese Themen genauer beschrieben.

- Seit Bestehen der Psychotherapie hinterfragt man Bindungen und Beziehungen, meist aber mit Sicht auf Beziehungen zu Menschen und nicht auch mit Sicht auf Beziehungen aus Stein und Erde. Diese können aber, sowohl in Vergangenheit als auch in Gegenwart und Zukunft (Träume, Wünsche, Sehnsüchte), nicht weniger bedeutsam sein. Beziehungen zu Menschen können in Beziehungen zu Stein externalisiert werden.
- Sesshaftigkeit und Mobilität sind nötig und gesund. Sie werden zum Risikofaktor für körperliche und psychische Gesundheit, wenn das Gefühl der Ohnmacht dominiert und das Gefühl der Selbstwirksamkeit gering ist. „Die Dosis macht das Gift."
- Die Kompensation des einen (Fremdes) durch das andere (Vertrautes) stabilisiert. Ressourcen sind wichtig.
- Sesshaftigkeit und Mobilität sind ein transgenerationelles Thema und nicht nur räumlich zu verstehen, es geht auch um innere Flexibilität.
- Themen von Flucht, Vertreibung, Migration bleiben über Generationen aktuell.
- Das Thema spiegelt sich häufig im Körper wider und zeigt sich durch psychosomatische Erkrankungen, so auch durch chronische Schmerzstörungen.
- Notwendig ist daher interdisziplinäre Zusammenarbeit zwischen Psychotherapeuten und Ärzten aller Fachrichtungen.
- Häufig mit dem Thema Mobilität und Sesshaftigkeit verbundene Gefühle sind Schuld, Scham und Angst.
- Generationenzugehörigkeit, Geschlecht und kultureller Hintergrund von Patient und Therapeut sind zu beachten.
- Der Wertewandel in der Gesellschaft in den letzten Jahrzehnten hat Einfluss auf das Thema Mobilität und Sesshaftigkeit.
- Bei der Bearbeitung innerer Konflikte des Einzelnen ist die Beachtung des gesellschaftlichen, biographischen, generationenübergreifenden Zusammenhangs sinnvoll.
- Das Bedürfnis von Patienten, auch über das Thema der letzten Sesshaftigkeit zu sprechen, sowie über die Themen Sterben, Tod und Erbe, wird von Psychotherapeuten nicht selten unterschätzt.
- Abschied nehmen im Todesfall erfolgt in mehreren Schritten: Beisetzung – Wohnungs- oder Hausauflösung – Erbe.
- Die Anforderungen an Psychotherapeuten sind in den letzten Jahren in vielerlei Hinsicht gestiegen.
- Eine Kombination verschiedener psychotherapeutischer Verfahren ist häufig sinnvoll.

Zusammenfassung

Diese Zusammenstellung verdeutlicht die Komplexität des Themas Mobilität und Sesshaftigkeit und die Herausforderung für Patient und Therapeut.

Serviceteil

Stichwortverzeichnis – 103

© Springer-Verlag GmbH Deutschland, ein Teil von Springer Nature 2019
B. Vill, *Vom Preis der Sesshaftigkeit*, Psychotherapie: Praxis,
https://doi.org/10.1007/978-3-662-58943-4

Stichwortverzeichnis

A

Abgrenzung 7
Abstinenz 75
Abwehrmechanismus 10, 45, 94
Akademiker 29
Akzeptanz 79
Alleinerziehender 25
Alltagssprache 61
Altenheim 16, 67
Alter 16, 28
Altersversorgung 16
Altersvorsorge 13
Anamnese 77
Anbau 11
Angehöriger 69
Angst 66, 69, 77
Arbeitsbündnis 76
Arbeitsmarkt 29
Arbeitsphase 78
Asche 70
Ausbau 12
Ausbildungsniveau 22
Auslandserfahrung 24
Auslöser 81, 86

B

Beerdigung 70
Be-Handlung 78
Beisetzung 67
Beruf 85
Bestattung 70
Bewegung 59
Beziehung 10, 79, 81
Beziehungsebene 79
Beziehungserfahrung 79
Beziehungsmuster 79
Bindung 7, 8, 14, 56, 79, 81
Biographie 76
Bumerang-Generation 40

C

Camping 58
Chronifizierung 3, 39, 75, 86, 88
Coaching 24
Cocooning 57
Commuter-Ehe 23
Compliance 79, 87
Container 17
Containerfunktion 95
Coping 76, 88
Coworking-Spaces 29
Curing 76, 88

D

Datenschutz 75
Denkmal 3, 68
Diagnose 80
Dialekt 61
Dienstreise 51
Digital
– Detox 39
– Natives 38
Digitalisierung 40
Dokumentationspflicht 75
Dritter Ort 61

E

Ehe 25
Ehegattensplitting 28
Einwanderer 22
Einzeltherapie 77
Elternhaus 2, 6, 8, 68
Emotion 8
Entspannungstechnik 82
Entwicklung 11
Entwicklungspotential 55
Erbe 3, 14, 68, 72
Erbstreitigkeit 8, 72
Erdgrab 71
Erwartung 75
Es 17
Essen 60
Exil 46
Existenzsicherung 36

F

Familie 85
Familienaufstellung 84
Familiengespräch 9
Familienkonflikt 16
Familiensystem 7
Ferienhaus 58
Fernweh 13, 54
Feuerbestattung 70, 71
Fibromyalgie 80
Flexibilität 76
Flucht 36
Flüchtling 13, 44

Frauenquote 23
Freiheit 16
Freiwilligkeit 46
Freizeitverhalten 85
Fremdanamnese 77
Fremdsprache 46, 61, 75, 93
Funktion des Symptoms 77

G

Ganzkörperschmerz 81
Garten 58
Gastarbeiterfamilie 47
Gefühl 79, 81
Gegenübertragung 41, 75, 94
Geld 8
Gemeinde 48
Gender-Pay-Gap 28
Generalvollmacht 95
Generation 13, 74, 76
– Evergreen 37
– Mitte 34
Generationenzugehörigkeit 81
Genogramm 84
Geschlecht 75
Gesellschaft 76
Ghettobildung 46
Globalisierung 39
Grabanlage 71
Grabpflege 69, 71
Grabstein 70
Großfamilie 46
Grundkonflikt 77
Gruppentherapie 28, 77, 82

H

Handlung 78
Haus 63
Hausverkauf 13
Heimat 54, 82
Heimatort 58
Heimatsprache 61
Heimweh 13, 46, 54
Hilfsbedürftigkeit 16
Homeoffice 39
Homo sapiens 21

I

Ich 17
Idealismus 37

Identität 23, 46
Identitätsfindung 83
Immobilie 15, 44, 68
Information 79
Informationsphase 78
Integration 45
Interaktion 77
Interdisziplinär 75, 81
Intervention 94
Intervision 74
Introjekte 17
Investition 13

J

Jäger und Sammler 21

K

Karriere 23, 24
Kind 26, 28, 46
Kinderrolle 11
Kleidung 62
Kochen 57
Kolumbarium 71
Kombination 23
Kommunikations- und Problemlöse-
   fähigkeit 56
Kompatibilität von Familie und
   Beruf 29
Kompensation 56
Kompromiss 9
Konflikt 2, 81
Konfliktbewältigungsstrategie 81
Krankenkasse 75
Krankheitsrisiko 49, 51
Krisenintervention 78
Krisensituation 81
Kunsttherapie 83

L

Landwirt 21
Lebensphase 3
Lebensskript 2
Leichnam 70
Lesen 62
Lösungsversuch 10
Luxusproblem 23

M

Machtverhältnis 8
Märchen 83
Medikament 27

Mehrgenerationen-Wohnanlage 69
Miete 14, 89
Migration 36, 45
Migrations- und Fluchterfahrung 84
Mikromigration 51
Modell, bio-psycho-soziales 84
Motivation 75
Motivationsphase 78
Musik 61
Musiktherapie 83
Muße 24
Mutter 6
Muttermilch 60
Mutterrolle 14
Muttersprache 46, 49, 61, 83
Mythos 83

N

Nachlass 72
Neutralität 75
Normen und Werte 57

O

Ohnmacht 8, 38, 56, 80
Oknophilie 22, 64
Onkologie 77
Opferrolle 11, 79

P

Palliativpatient 77
Patchwork-Familienmitglieder 51
Patientenedukation 82
Patientenklientel 75
Patientenverfügung 95
Pendelkind 47
Pendler 23, 51
Persönlichkeitsentwicklung 9
Persönlichkeitsstruktur 10
Pflegeheim 67
Philobatismus 22, 64
Pilgern 59
Prädisposition 86
Protektion 3
Psychoanalyse 82
Psychodynamik 10, 77
Psychologie, positive 55
Psychotherapie, interkulturelle 49

R

Reisen 23
Religion 62

Resilienz 55
Ressource 55, 81, 86
Revolution 21, 22
Risikofaktor 85
Rückfallprophylaxe 78, 79, 81
Rückkehr 49
Rückzugsmöglichkeit 13

S

Schaden, frühkindlicher 83
Scham 84
Schamgefühl 24
Scheidungsrate 25
Scheidung/Trennung 10
Schicksal 3
Schmerz 69
Schmerzpatient 76
Schmerzstörung, chronische 40
Schuld 84
Schulden 15, 25
Schuldgefühl 15, 24
Schutzfaktor 85
Sehnsucht 13
Selbst 75
Selbsterfahrung 59, 74, 83
Selbstheilungskraft 55
Selbstwert 23
Selbstwirksamkeit 38, 56, 80, 82
Senioren-WG 57
Serviced Appartements 30
Sexualität 8
Sicherheit 15
Sitten und Bräuche 45
Social freezing 23
Somatisierungsstörung 16
Sozialgeschichte 20, 26, 27
Spezialisierung 23
Sport 82
Sprache 24, 48, 93
Sprachraum 60
Stabilisierung 78
Stabilisierungsphase 79
Statussymbol 89
Stellvertreter 68
Sterben 2, 69, 70
Stiftung 69
Störung, somatoforme 77
Storytelling 83
Stress 81, 82
Supervision 74, 83

T

Tanztherapie 83
Testament 95

Stichwortverzeichnis

Therapieziel 76, 77
Tiefenpsychologie 82
Tod 66, 69
Transferphase 78
Transgenerationalität 23, 84
Trauerarbeit 67, 70
Trauma 36, 45
Traumhaus 3, 26, 66, 67
Trennungsarbeit 67

U

Überanpassung 46
Über-Ich 17
Überleben 95
Übertragung 41, 75, 94
Umbau 9, 11, 12
Umfeld 85
Umzug 46
Unbewusste 7
Unsterblichkeit 95
Urban Gardening 57

Urlaub 47, 58
Urne 70
Urnenbeisetzung 71
Urnengrab 70
Urnenwand 71

V

Veränderung 76
Vereinsamung 16
Verfahren 82
– körperorientiertes 83
Verhaltenstherapie 82
Vermieter 14
Versorgung 8, 14
Verstehen 79
Vertrauen 75, 95
Vertreibung 16, 82
Verwurzelung 44, 47
Vorbild 2, 7, 83
Vorphase, diagnostische 78
Vorsorgevollmacht 95

W

Wertewandel 34
Wiedergutmachung 48
Wohlfühlfaktor 57
Wohnen, betreutes 89
Wohnform 69
Wohnmobil 58
Wohnsituation 63
Wohnwagen 58
Workaholic 37
Work-Live-Balance 38
Work-Live-Blend 39
Wurzeln 21, 31, 44, 79

Z

Zeit 24
Zweitsprache 46, 61, 93
Zweitwohnung 58

 **Springer** springer.co

Weitere Titel

Matthias Berking
Training emotionaler Kompetenzen
4., aktualisierte Aufl. 2017, IX, 190 S. 163 Abb.,
144 Abb. in Farbe. Mit Online-Extras.
44,99 € (D) | 46,25 € (A) | *CHF 46,50
ISBN 978-3-662-54272-9

Ulfried Geuter
Körperpsychotherapie
Grundriss einer Theorie für die klinische Praxis
2015, XV, 380 S., 12 Abb., Hardcover
49,99 € (D) | 51,39 € (A) | *CHF 51,50
ISBN 978-3-642-04013-9

Hinrich Bents, Annette Kämmerer (Hrsg.)
Psychotherapie und Würde
Herausforderung in der psychotherapeutischen Praxis
1. Aufl. 2018, XIII, 123 S., 2 Abb., Book + eBook,
Hardcover
29,99 € (D) | 30,71 € (A) | *CHF 30,50
ISBN 978-3-662-54309-2

Wolfgang Söllner (Hrsg.)
Kranker Körper – kranke Seele
Psychotherapie mit körperlich Kranken
1. Aufl. 2018, XVIII, 149 S., 9 Abb., Book + eBook,
Hardcover
34,99 € (D) | 35,83 € (A) | *CHF 35,50
ISBN 978-3-662-54657-4

€ (D) sind gebundene Ladenpreise in Deutschland und enthalten 7 % MwSt. € (A) sind gebundene Ladenpreise in Österreich und enthalten 10 % MwSt.
Die mit * gekennzeichneten Preise sind unverbindliche Preisempfehlungen und enthalten die landesübliche MwSt. Preisänderungen und Irrtümer vorbehalten.

Jetzt bestellen: springer.com/shop

MIX
Papier aus verantwortungsvollen Quellen
Paper from responsible sources
FSC® C105338

If you have any concerns about our products,
you can contact us on
ProductSafety@springernature.com

In case Publisher is established outside the EU,
the EU authorized representative is:
Springer Nature Customer Service Center GmbH
Europaplatz 3, 69115 Heidelberg, Germany

Printed by Libri Plureos GmbH
in Hamburg, Germany